宗教団体をやめたいが
タタリが恐い…

初詣でご利益を
いただく方法は?…

生き甲斐がない…

仏前結婚式とは?…

あなたの疑問に答える

仏教なんでも相談室

僧侶・尼僧に
なるためには?…

香典袋の正しい
表書きは?…

ペットの供養について…

仏教情報センター顧問
曹洞宗東陽寺前住職

鈴木永城

お米はなぜ
シャリという?…

仏壇の正しい
買い方は?…

姑と仲良くできない…

大法輪閣

まえがき

本書は、月刊『大法輪《だいほうりん》』誌・平成十五年（二〇〇三年）四月号から書き綴《つづ》った、連載「仏教なんでも相談室」の中から、約七十篇を抜き出し、これを七章に分け、多少の加筆訂正をほどこしたものです。十年一昔《ひとむかし》といいます。引用している話題のいくつかは、当然ながら、その当時の出来事に触れているものもあり、いささか賞味期限が案じられました。

しかし、改めて読み直してみると、時代はこの間もめまぐるしく推移してきたものの、その実、十年一日《いちじつ》の感を禁じ得ません。世の人々の疑問や悩みは果てしなく、解消もされておりません。つまり、根底に横たわっているのは、古くて新しい問題なのです。

言葉を変えれば、包装紙だけは真《ま》新しい菓子箱のようなもので、菓子そのものは、従来と少しも変わっておりません。ということは、まず外装をはずして、中味そのものを吟味《ぎんみ》する必要が生じます。

心の問題も同様で、尖閣《せんかく》諸島の紛争ならばいざ知らず、棚《たな》上げにしたままでは、何の糧《かて》にも進展にもなりません。その意味からすれば、本書も、まだまだ消費期限の内にあるように思えます。

「仏教なんでも相談室」は、現在も連載を重ねております。編集部から「これまで」と肩をたたかれるか、私自身の身と心に支障が起きない限りは、今後も継続していくつもりです。

十年一剣《いっけん》を磨くともいいます。読者のニーズを私なりに推し量《おはか》り、ライフワークとする「仏教の玄《げん》関番《かんばん》」のスタンスを保ちながら、本書出版を契機としてさらに切磋琢磨《せっさたくま》するつもりです。「一超直入如来地《いっちょうじきにゅうにょらいち》（仏としての自己を自覚し、直《ただ》ちに絶対の境地に入る）」、とはいうものの、仏祖《ぶっそ》の教えは深遠極まりありません。奥座敷《おくざしき》の仏教は高僧・諸大徳《だいとく》のお力を仰《あお》ぐとして、本書はその玄関口です。肩の荷を下ろしお茶でも啜《すす》りながら、しばし仏教談義にふける、そんな縁《よすが》としていただければ幸いです。

思えば、『大法輪』誌との最初の関わりは、私が「仏教情報センター」事務局長当時のことでした。本誌では毎号、「特集」が組まれておりますが、確かその欄への執筆依頼が端緒《たんしょ》で、その後も折り折り特集に顔を出すこととなり、それがやがて「相談室」へと結びついたのです。

編集者の、私を人選した意図は定かではありませんが、自分なりにその基《もとい》を尋ねるとすれば、駒澤大学仏教学部を卒業後、「曹洞宗教化研修所《そうとうしゅうきょうかけんしゅうじょ》（現・曹洞宗総合研究センター）」に六ヵ年間、在籍させていただいたことが挙げられると思います。

ここでは、給費を得ながら布教の理論と実践を学ぶのですが、私がめざした方向は「大衆教化」の道でした。そしてそれが、僧侶としての今日の骨格を築いてくれたようです。

やがて、「仏教情報センター」設立に参画することになります。活動は多岐に渉《わた》りますが、主たる日常業務は〝仏教テレフォン相談〟で、仏事・法事のみならず、人生万般の悩みや疑問が寄せられます。

また、活動の一環である〝仏教ホスピスの会〟は、毎月一回開催され、患者・家族・医療者とも膝を交える機会を得ることが出来ました。センターの運営は公益性《こうえきせい》を重んじ、相談員に対しても、交通費・昼食代を含む一切が自己負担という、「布施行《ふせぎょう》」に徹したものです。

ここでの活動は、私の血となり肉ともなりました。足掛け二十五年、現役として関わってきましたが、常々感じていたことは、僧侶としての課題と、社会的背景についてでした。私はこれを六項目に集約しております。

①寺檀《じだん》関係の希薄化と不信
②葬儀の多様化とトラブル
③「家」意識の崩壊と家族観の喪失
④人間関係不信の時代
⑤霊障《れいしょう》（タタリ）と迷信・俗信
⑥新々宗教等による強引な勧誘と被害

昨年（平成二十四年）、仏教情報センターは、当初からの念願であった「（一般）社団法人」の認証を得ることが出来ました。また本年は、設立三十周年の記念すべき大会も無事円成《えんじょう》をみました。相談業務は五月末日現在、総計十五万五千九百三十一件に達しております。

これらの組織活動の実績は然《さ》ることながら、一ヵ寺の住職・一僧侶としても、仏教をより親しみやすいものにし、より一般社会への積極的な普及を試み、現代に仏教的基盤を確立する。そうした日常的実践と発信が責務だと痛感しております。

時代は混迷を益《ま》す一方ですが、仏教こそ、それを払拭《ふっしょく》する光明でなくてはなりません。本書は、意気込みだけは、そんな思いで執筆したものです。仏教はいらない、あってもいいではなく、なくてはならない存在。そうした人々の支えになることを夢見つつ、筆を置くことにいたします。

最後に、本書、および毎月の「相談室」の編集作業に労を重ねていただいている、編集部の佐々木隆友氏に、厚く感謝の意を表します。

平成二十五年 十月 吉日

鈴木永城

目次

第二章 お葬式での疑問に答える

第三章 お墓・仏壇・先祖供養の疑問に答える

第四章　仏教の身近な行事と慣わし　131

第五章　仏教の信仰と修行　155

◎装幀……福田 和雄（FUKUDA DESIGN）

第一章

人生の悩み・疑問相談室

質問①　宗教団体をやめたいが罰やタタリが恐い

ある宗教をやめるつもりが、罰やタタリがあるといわれ、恐くて決意できません。

「似《に》て非《ひ》也《なり》医者と石屋と萩《はぎ》と荻《おぎ》」といいます。耳や目にするそのものは、実によく似てはいるのですが、まったく異質な存在。あるいは正しくないものの譬《たと》え。ニセ札のようなものです。

まちがいやすい文字に、「崇《スウ》」と「祟《スイ》」があります。よく見て下さい。崇は気高いことですから崇《あが》めると読み、祟は得体の知れない災いや悪い報いを受ける祟《たた》りです。

さて信仰する神仏において、似て非なるものとは何でしょう。

この科学万能といわれる時代でも、いまだ人知の及ばぬことは多々あります。それを「未知の世界」といったり、「不思議」といいます。

そんな心理を突いて、思いも寄らない割り切れない人生の難問に、何となく甘い媚薬《びやく》をそそぎ、魅惑の虜《とりこ》にしてしまう。それが「ご利益」商法というものです。

ある宝くじ売場に、こんな一文が掲げられていました。「今は夢　今に正夢　宝くじ」。

なるほど、三億円が当たったという店頭に長い行列ができるのも、今に正夢とご利益をアテにしてのことでしょう。しかし、圧倒的な的中率は、ほかならぬ「外《はず》れくじ」です。

宗教を騙《かた》る「疑似《ぎじ》宗教」の中には、得てしてこうした民心を手玉にとり、目先のご利益を専売特許に、ごり押ししている団体があるのは事実です。

単なる健康食品でしかないものを、「ガンが治った」という本まで買わせ、大儲《もう》けした自称〝教団〟。これもご利益志向を逆手にとった手口です。

以前のことですが、〈最高ですか〉〈最高です〉と呼べばこたえる、足裏を観る怪しい宗教がありました。被害額は何と数百億円とか。

手相と違って、よほど筋骨が柔らかくないと、自分の足裏は見られません。「裏をかく」とはこのことで、最高だったのは教祖とその家族。しかし結局は足がついて刑務所行き。人間としても最低でした。

ある人がいっていました。〈水虫さえも先祖のタタリにされるのだから恐ろしい……〉。

手品師は、〈種も仕掛けもございません〉といいますが、種と仕掛けがあってこそマジックなのです。

釣人は魚が喰いつくように工夫します。擬餌《ぎじ》針がよい例です。狩人は、獣の好物を置き、ワナを仕掛けます。人間を引っかけるには、ご利益を鼻先にぶらさげるのが一番のようです。

そうならないためには、安易な現世利益の美味しい話には、断じて乗らないことです。

手をかえ品をかえて入信させた挙句《あげく》は、絶対に脱退させない。これが、この種の宗教が編《あ》み出した哲学で、そのためにこそ脅《おど》しが必要となります。つまり神罰・仏罰・タタリです。

私が今までに聞いた事例では、本人や家族が病いにさいなまれる、家庭内・夫婦が不和になる、事故・災難に遇う、子供の不登校・非行、結婚話の破談、事業が失敗するなどでした。許しがたいのは、妊娠中の主婦に、「満足に産めなくなる」とまで暴言を吐く、先輩信者もあったとか。

そこでお聞きします。あなたは具体的に、どんなことをいわれて、恐ろしいと感じたのでしょう。

私が何よりも恐ろしいと思うのは、そういう仏罰やタタリの内容よりも、それをいわせる宗教指導者。さらには是非善悪も考えず、いわれたままを鵜呑《うの》みにしてしまう、人間の愚かさがです。

真の宗教、特に慈悲と智慧の仏教においては、決して仏罰やタタリなど、どこにも説かれておりません。

先祖もしかりで、私たち子孫を守りこそすれ、不幸に落とそうとするわけなどないのです。

祟り信仰は最も原始的な宗教観念によるもので、あきらかに迷信ですから、いたずらに恐れたり、不安に感ずることはありません。

むしろ気にかけていただきたいことは、全てのことは「因果《いんが》の理法」によって成り立っているということです。必ず原因があって結果がある。ボウフラと同様、急に降《ふ》って湧いたわけではなく、直接的、間接的に、因果が複雑に絡《から》みあい、現象としてあらわれるのです。

ですから、ＪＲ西日本の死者百七人の大惨事も、運転士だけのミスではすまされません。

「幽霊の正体見たり枯尾花《かれおばな》」といいます。上辺《うわべ》のことに翻弄《ほんろう》されず、人間の幸・不幸の寄って来たるところを、よくよく見極めて下さい。

（平成十七年五月・記）

質問②　金《かな》しばりは水子《みずこ》供養《くよう》をしないから？

就職した娘が、金しばりにあい不安です。運命鑑定師《うんめいかんていし》は、親の私が水子供養をしないからだというのです。

私も青年時代、金しばりを経験した一人です。その体験をふまえ、話を進めたいと思います。

この言葉のもとを尋《たず》ねると、「金縛《かなしば》りの法」があり、その昔、修験者《しゅげんじゃ》（不動明王を信仰する山岳宗教の修行者）が編み出した修法の一つです。

明王の威力をもって、害をなす者を「金鎖」で「縛り」あげるようにしてしまう、というものでした。

ちなみに昨今の風潮は、〈カネさえあれば何でもできる、心も買える〉、といったホリエモン流の幻覚に惑わされ、その挙句、金に束縛《そくばく》され、身《み》悶《もだ》えして苦しんでいるようです。

金しばりを、医学的にはどう見ているのか。ある書物によると、私たちが眠っているという状態は、実は、頭脳が眠っている時は身体がめざめていて、身体が眠っている時は、意識が働いているのだそうです。

だから頭の中では〈もうそろそろ起きようか〉と思うのですが、身体は、いうことを聞かない。そこで意識の方は、とんでもないハプニングにうろたえます。恐れを感じて声に出そうとしても、口の方も動こうとはしてくれない。

金しばりにあうということは、その人の生活態度からも、大きく影響されるように思います。強い精神的ショックを受けた後、置かれた環境の変化、不摂生《ふせっせい》が重なる、これが経験者としての私の実感です。

娘さんも社会人になってまだ月日も浅く、職場での仕事内容や人間関係、生活リズムの変化など、予期せぬ緊張を強《し》いられていることでしょう。また一般にも「五月病」といって、この時期、人によっては神経症的な状態に落ち込む場合もあります。神経質な人ならなおさらです。

これらのことが、金しばり状態と因果関係をもっている、と私は思います。

人は、心配事や焦《あせ》りといった、精神的に不安定な状況に遭遇すると、その原因が何によるものか、手にとって確認できないだけに、「目に見えない世界」に転嫁しがちです。

それにしても水子のタタリ、サワリに話を落ち着けてしまうのは、それをいう側《がわ》も聞く側も、実に安直で小狡《こずる》いとは思いませんか。

運命鑑定師やら霊能師の全てとは申しませんが、一番ひっかけやすいセリフは、「水子の霊障を説く」ことだと聞きます。

それほど多くの人が、事情はともかく、堕胎《だたい》を経験しているという統計もあり、水子のせいにすれば、確率は極めて高いものとなります。

ある若い主婦が、霊能師を訪ねました。〈最近、子どもが荒れて手がつけられません〉。〈それは、水子の霊が子どもに憑依《ひょうい》して、悪さをさせているのだ。除霊にはそれなりの費用がかかるが、よろしいな〉。

同じような例で、〈いえ、私はしていません〉。〈ウーン、あんたの母さんのことだよ〉。ウンもスンもなく鴨葱《かもねぎ》にされてしまいます。

水子に限らず、供養する心は大事なことです。ただし何のためにするかによって、天地ほどの隔《へだ》たりがあります。

仮に私が水子だったとします。人の生命は地球より重し。とはいえ、人為的に流されてしまったのですから、無念さはこの上もない。戒名もなく、供養一つ受けるでもなく、それでも不平・不満をいわず、ずっと耐えてきた永い歳月――。

それをこの期《ご》に及んで、金しばりの罪まで着せるとは何たる非道。眠った子を叩《たた》き起こすのなら、叩き返してやろう。そんな気にもなるではありませんか。

ある年老いたご婦人から、こんな心中の思いを聞きました。

〈生活上、やむを得ず水子を出しました。孫もすでに成人。恵まれた老後の日々ですが、息子の顔を見るたびに、あの時産んでいたらと悔やまれてなりません。消すに消せないことです。でも、すまない、許して下さいと、身を削る思いで地蔵参りを続けています〉と。

タタリがあるからではないのです。心から懺悔（サンゲ）することが滅罪に通じます。痔《じ》や水虫さえ霊の為《な》せる業《わざ》。そんな迷信を鵜呑みにしている人もいて、まったく舌を巻きます。その分、悪徳霊能師は、舌を出していることでしょう。

水子の霊はタタらない。金しばりも、体調によると考えるべきです。そう答えると、相談者は一様にホッとされます。しかし〈タタらないなら供養などは無駄〉と、打算の思いが首をもたげるとしたら、その妄心《もうしん》にこそ金しばりが必要です。

（平成十八年四月・記）

質問③

墓《ぼ》相《そう》学《がく》・印《いん》相《そう》学《がく》はホント？

墓相《ぼそう》学、印相《いんそう》（印鑑の相）学に凝《こ》っていますが、人生に好転ナシ。これらは迷信でしょうか。

人の心を覗《のぞ》くと、か弱く脆《もろ》い部分があって、何か強い力でポンと押されると、正気《しょうき》のつもりのバランスが崩れ、右往左往《うおうさおう》しがちです。

そこに「○○学」。これが曲者《くせもの》で、正当・確実を謳《うた》い文句に、かつ権威を装《よそお》い、時として人を錯覚させ、欺《あざむ》く代物《しろもの》です。たとえば、仏教本来の意味とは月と鼈《すっぽん》、提灯《ちょうちん》に釣り鐘《がね》というくらい歪められた「縁起《えんぎ》」という語を駆使《くし》して、人を惑《まど》わします。

それは、縁起を担《かつ》ぎたがる心理を見越してのこと。その結果、「みこし」に乗せられ、剰《あまつさ》え、吉凶禍福《きっきょうかふく》に踊らされる羽目となる。経済面、精神面。さぞや大きな痛手《いたで》だったことでしょう。

ところで、私の手元の『広辞苑』では、この「墓相」は見当たらず、また「印相」も、およそ印鑑とは無縁です。ちなみに「仏・菩薩が手に結ぶ印《いん》の形」とあります。

推《お》して知るべし、というべきでしょうか。もし、これらの学が罷《まか》り通るなら、汗して努力する営みなど、まったくの無意味です。

しかしながら古今東西、迷信が根強く蔓延《はびこ》り、ゴキブリのように生き続けてきたのも事実です。それというのも、私たちこそ、迷信を温存し繁殖させてきた、張本人だったのです。

朝のテレビをご覧下さい。各局とも必ずといってよいほど、「今日の運勢」を取り上げています。内容は実にたわいのないものですが、若者やご婦人層にかなりウケているようで、迷信の裾野《すその》の広さを見る思いです。

「転ばぬ先の杖」が一歩も二歩も先を行き、〈おいで、おいで〉と迷路に誘い込む。これこそ要注意なのですが、相手が「曲者」だとしても、結果的にはむしろ引っかかりたかったのか、と思われる「癖者《くせもの》」が、これも他ならぬ私たちです。

また人の心には、何かの、誰かのせいにすることで、帳尻《ちょうじり》を合わせようとする一面があります。

人生の岐路《きろ》に立った時、人は何を選び、どの方向をめざすべきか、決断を迫られます。誰もが、茨《いばら》の道より、バラ色の人生が望ましいに違いありません。そこに「自己愛」が働きます。自分はなるべく傷つかない方法――。

墓相や印相で開運を招くことが出来るのなら、これに越したことはない。その試《こころ》みがたとえ好転しなかったとしても、非はそれらにあって、自分にはない。何より、それを勧めた人がいけない、と罪を他に擦《なす》りつけた方が、手っ取り早く、気楽です。

それが問題の解決にならないことは承知の上で、敢《あ》えて責任転嫁《てんか》したがる心の動揺……。仏教が自我迷執《めいしゅう》を誡《いまし》めるゆえんでもあります。

こうして迷信は、人間の狡《ずる》さ、したたかささえもてあそぶのです。私たちの心の深層にある不純な生き血を嗅《か》ぎあて、啜《すす》って、これからも吸血鬼・ドラキュラのように、強《した》たかに生き延びていくのでしょうか。

さらに人の心は奇を好み、不思議なことにことさら刺激を求めます。恐いもの見たさの類《たぐい》です。

昔から東北地方には、「座敷《ざしき》わらし」という童子の話が伝承されています。この童子の姿を見ると幸福が得られるとされ、「座敷わらしが出没する」といわれていたある東北の旅館は、二年先まで全室予約済という繁盛《はんじょう》ぶりでした。ところが最近のこと、不慮の火災で、その旅館が全焼の憂《う》き目に遭《あ》ったのです。

失礼な物言いですが、座敷わらしがいなくなると、その家は衰えるともいい伝えます。この火災との因果関係はどう説明がつくのでしょう。

また、罹災《りさい》者への同情心より、座敷わらしが見られないことへの失望の声の多さには、奇異を覚えました。

座敷わらしの話自体は、罪のないほほえましいもので、めくじらを立てるつもりは、さらさらありません。しかし、迷信という黒衣《くろご》に操られない縁《よすが》にはしたいものです。

迷信について、故・井上円了《いのうええんりょう》博士は、次のように定義しています。

「道理なきこと又は道理に背《そむ》きたることを道理あるが如く、又は道理に叶ふが如くに誤って信ずることであろう。其《そ》の外《ほか》に為《な》し得《う》べからざることを為し得べしと信じ、これに依《よ》って己《おの》れの私情を満たし、僥倖《ぎょうこう》(思いがけない幸運)を望む意味も加はって居るように思ふ」

仏教の説く「自業自得《じごうじとく》(自らつくった善悪の報いを自分自身で受けること)」を究《きわ》めましょう。「朝顔は馬鹿な奴だよ根もない垣《かき》に　命までもと絡みつく」。こんな生き方をして、人生を萎《しぼ》ませてはなりません。


（平成二十一年十月・記）

質問④ 人はなぜ死を恐れるのか？

「死」を考えると、眠れなくなります。人はなぜ、死を恐れるのでしょう？

平安時代前期の歌人・在原業平《ありわらなりひら》の一首に、

　つひに行く道とはかねて聞きしかど　昨日今
　　日とは思はざりしを

があります。

誰しも、〈生まれた以上やがて死ぬんだなぁ〉ぐらいは、漠然とながらも思っていることでしょう。それが自分自身の身の上に間近に差し迫ったとなれば、尋常《じんじょう》な心境ではいられません。

死は、どことなく他人事《ひとごと》ですが、実は人毎《ひとごと》であって、誰も彼も、こればかりは平等の定めです。しかし大方の人々の生き方は、古川柳でいう「いつまでも生きている気の顔ばかり」。それに越したことはないのですが……。

私なども高校時代、死の悩みに責め苛《さいな》まれ、眠れぬ夜を明かしたことがあります。犬が闇に向かって吠える。それに似て、人間は暗い死の蠢《うごめ》きに脅《おび》えます。

古来、死は悪霊の為《な》す仕業《しわざ》、あるいは、特定の人を陥《おとしい》れる、呪術などによるものと考えられていました。

やがて人間は英知を傾注《けいちゅう》して、死の原因を究明したり、死からの回避や、恐怖を解消する方法・手段を講じるようになります。

宗教的には、天国や極楽の思想が挙げられるで

全宇宙を「死神」が抱えているイメージで描かれる、チベットの「六道図」。仏教の死生観が表されている。

しょう。仏教の縁起観・無常感も、死と死の恐れに対する緩和、克服に、多大な影響を及ぼしました。

また医学や医療の進歩も、これに大きく関わっては来ましたが、それでは絶対に死なないか。そんな保証があるはずもなく、どれほどの高度医療をもってしても、未だに死と死の恐怖は未解決のままです。死は千古の謎といわれる所以《ゆえん》です。

それでは、もし誰も彼も死なないとしたら――。これは個人的にはともかく、やはり一種の恐怖となるでしょう。なぜならば生物としての、人間の生活形態を著《いちじる》しく損《そこ》なうからです。生も時として、人を不眠に追いやります。

結局、死を恐れるということは、何がそうさせるかといえば、人間特有の「生存欲」に他ならないと思うのです。

生存欲が恐れを生む、そのいくつかを数え挙げてみます。

一つには、孤立感というもので、死出の旅路は、お供も話し相手もなく、最愛の人や物と離別しなくてはなりません。

二つには、死の苦しみ、死に至るまでの痛み。

全ての人が痛苦を体感するとは限らないのですが、想像が胸苦しさをかきたてます。

三つには、お先真っ暗ということ。死んだ後にはどこに行ってどうなるのか不安が募《つの》り、恐れとなります。

四つには、自分が何故、死ななければならないのか。死んでもよさそうな人は、いくらでもいるのに……といった思いです。

その他、家庭の経済的負担、家族の行く末、為《し》残《のこ》した仕事など。恐れとは恐《こわ》いことばかりでなく、心配や焦りからも起こるものです。

こうした死の恐れと生存欲について、深く考えなければならないと思うようになった動機は、青年期、ある宗教学者の本を手にしたことからでした。そこには迫り来る死と、死の恐れに戦《おのの》きながら、美事《みごと》に昇華されたと思われる、実体験が綴《つづ》られていました。

その人は岸本英夫氏（一九〇三～一九六四）。著書の題名は『死を見つめる心』です。この本の魅力は、概念的・観念的に述べられた内容ではなく、死と対峙していく、氏自身の実像を赤裸々に物語っていたからです。

一九五四年、スタンフォード大学客員教授として単身赴任したのは五十一歳。その直後、皮膚癌《ひふがん》と診断され余命六ヵ月の告知を受けます。大小二十回の手術、十年間の闘病生活でした。その心の遍歴は――

「人間は死ぬことを恐れ、忌《い》みきらいながら、根本的な解決をもたず、何の用意もなしに死に臨む。しかし人間の大部分は、平生、生きていることを少しも疑わず、まさか自分が死ぬとは思わない。

人間は生存欲をもっていることすら忘れている場合が多い。もし生命が半年ですといわれたら、生存欲がむらむらと頭をもたげる」

岸本氏は、人間の基本的欲求としての生存欲を、食欲にたとえていてわかりやすい。つまり、満腹の時には、どんな美味美食を前にしても、食欲は起きないという。これは誰にでも経験があることでしょう。

私なども、しっかりと食事を済ませた後など、鰻《うなぎ》屋《や》の前を通るのも嫌です。嗅覚《きゅうかく》を停止したいくらいの思いにかられますが、空腹の時だったらどうでしょうか。まさに裏腹です。生存欲も同様で、健康な時には、深刻な問題にならないばかりか、生存欲を持っていることすら忘れている、と氏は指摘しています。そして――

「ふとした機会に〈別れの時〉ということに気がついた。死は別れの大仕掛けの徹底したものではないか。ことによると、今が最後かもしれないという心がまえを始終もって、積み重ねられてくると、心に準備ができ、執着なく切れてゆくことができる。

そして宇宙の霊にかえって、永遠の休息に入るだけである」

と結んでいます。

私は、自己の生存欲が「我執《がしゅう》」に縛られるから、恐れが生じるのだと思っています。禅語にいう「生也全機現　死也全機現」で、その時々が全てのハタラキですから、はからいの心を捨てきった死生観を持つべきです。

ピンピン（生）コロリ（死）などという抜け道を考えだすと、また眠れませんよ。

（平成二十一年五月・記）

質問⑤ 末期ガンの母が「亡き夫が迎えに来た」という

一時退院している末期ガンの母は、この頃、「亡き父が迎えに来た」というのですが……。

私たちの子ども時代には、「お知らせ」、「暇乞《いとまご》い」、「お迎え」といった言葉を、小耳に挟《はさ》むことがありました。これらは、死との深い関わりを含んでいました。

「お知らせ」は、死という事態の起きる前兆《ぜんちょう》を意味しています。私が幼少の頃、母から聞かされた話は、今も鮮明《せんめい》におぼえています。

ある夜更《よふ》け、何かと面倒を見ていた親戚《しんせき》の娘さんが、戸口《とぐち》に立っていたというのです。薄《うす》ぼんやりとしたその立ち姿に、母は、〈おばさん、お世話になりました〉という声を、聞いたようだったと……。

この話には後日談があって、母の死後、何かの折《お》りに姉からも聞かされました。傍《かたわ》らで、同じ光景を見たのだそうです。

「暇乞い」は、いわば此《こ》の世の縁《えにし》を辞《じ》する行為です。

私の父は在家《ざいけ》で、職人気質《かたぎ》の人でした。親戚づき合いが苦手で、億劫《おっくう》がっていましたが、何故か死ぬ前年、特別な用件もなしに、親戚廻《まわ》りをしているのです。皆、〈どうした弾《はず》みだろう？〉と、その時は訝《いぶか》ったようです。

「お迎え」といっても、現代人のほとんどは、死と結びつけて考えることなどないでしょう。

地方での通夜《つや》・葬儀の場で、古老《ころう》の口から稀《まれ》に聞くことはあります。しかし、漠然《ばくぜん》と「死の訪れ」を表現しているかのような響きです。

古くからの言い習《なら》わしには、もっと具体的な意味が込められていました。

その一は、祖霊《それい》を迎え入れることで、盆《ぼん》や正月の行事がそれです。

その二は、臨終《りんじゅう》に際しての「来迎《らいごう》」で、仏・菩薩《ぼさつ》が紫雲《しうん》に乗って、浄土《じょうど》から死者を迎えに来るというものです。

私は常々《つねづね》、「お迎え現象」とは、この二つが複合されているものではないか、と思っていました。

そんな折りも折り、思いがけず、NHKの番組『クローズアップ現代』で、「天国からの〝お迎え〟――穏やかな看取《みと》りとは」を視聴しました。

また、たまたま手にした『文藝春秋《ぶんげいしゅんじゅう》』平成二十四年七月号でも、お迎え現象について特集が掲載されていて、興味をおぼえていたところでした。

それは――、

宮城県の岡部健医師を中心とした、「在宅緩和《かんわ》ケアグループ」が明らかにした、お迎え体験で、アンケート調査を六百八十人超に郵送して、三百六十人の遺族から回答を得たものです。

その結果によると、実に四十二・三％の人が、故人がお迎えを体験したと答えているのです。

そして、故人が見えた、聞こえた、感じたらしきものは、すでに亡くなった家族・知り合い（五十二・九％）で、その中でも、家族や親戚が七十八・一％と際立っていると指摘しています。

番組の中では、仏・菩薩の来迎といったお迎えは語られていません。極めて少ないからでしょう。

注目すべきは、両親や友人など、すでに亡くなった人たち。猫や犬などのペット、懐かしいふるさとの山々、思い出の風景などを見た九割の人が、穏やかな最期を迎えたことが伺える、とした点です。

また『文春』では、「その人の深層意識の中にある宗教性に触れずにケアすることはまず不可能にちかい。これが終末期をむずかしくしている」として、「宗教性」を強調しています。

さらに、「あの世とのつながりが構築できないから、死が不安になる。あの世があろうとなかろうと、〝お迎え〟という、あの世とつながっているという感覚があれば、死への不安や恐怖はやわらぐはず」だ、とも述べています。

さて、「その人の深層《しんそう》意識の中にある宗教性」で思うことは、深層に潜《もぐ》り込んでいる意識、つまり潜在《せんざい》意識についてです。

亡くなる瞬間の人を、別な所で見るのも、何気なく人を訪ねるのも、病床《びょうしょう》に親しかった亡き人が立つのも、この潜在意識が、波長《はちょう》を合わせた時、顕在《けんざい》化するのではないかと思うのです。

科学的・医学的に見れば、単なる幻覚・幻想。錯覚だ、妄想だ、はたまた迷信だ、と一蹴《いっしゅう》されるかもしれません。

しかし、仮に幻想としても、終末期にそうした自らの機能が作用して、苦痛や死の恐れを緩和、克服出来るとすれば、なんとも有難《ありがた》いことではありませんか。

そして「お迎え」が、その患者にとっては「事実」なのですから、素直に受け容《い》れてあげたいものです。

（平成二十四年十一月・記）

質問⑥ 善人の夫がガンで亡くなったことが納得できない

「仏さまみたい」と慕《した》われた夫が、理不《りふ》尽《じん》にもガンで亡くなりました。仏教の〝善因善果《ぜんいんぜんか》〟の教えが信じられません。

周囲の人々からも敬愛されたご主人が、なぜこのような難病で、死の苦しみを受けなければならなかったのか。

それは、今のあなたにとっては、この上ない不条理というものでしょう。〈なぜ、あの人が〉と遣《や》り場のない苛立《いらだ》ちをおぼえるのも、無理からぬことです。

かくいう私もついこの間、膵臓《すいぞう》ガンがもとで、妻に先立たれました。

交際をはじめてから五十一年。六十五歳の同年齢で、おたがい老後を支え合うべき杖として、また寺を護持する上でも、かけがえのないよき相棒でした。妻も、〈観音さまのような人〉と誰彼なく慕われ、「お母さん」が通り名でした。

少女時代、胆嚢《たんのう》を患《わずら》ったこともあり、健康面には人一倍注意深く、十数枚の診察券が残っているほどの、気の使いようだったのです。

掛かりつけの内科医の検診も欠かさず、〈異状を認めず〉との太鼓判を捺《お》してもらった矢先。ガンが判明したのは、他の医療機関のペット検査（「陽電子放射断層撮影」というガン検査方法）によるものでした。

一縷《る》の望みをかけたガンセンターの診断も、それを裏づける結果となり入院。しかし治療法に納得できず、ある医大病院に移りました。

やがて、家族と面会しやすいようにとの配慮から、自宅近くの病院に転院しましたが、その一ヶ月後、息を引き取ったのです。

衰弱してゆく状況は、まさに坂道を転げ落ちるようでありながら、妻の痛苦する姿は齣《こま》撮《ど》りのフィルムに似て、死が完結する数日前まで続きました。

敢《あ》えて妻の経過を話しました。

私が指摘したいのは、不条理と決めつけてしまえば、〈何もかもが不条理だ〉ということです。

さらに一つ加えれば、東京から春日部《かすかべ》市内の病院に転院した折り、院長は、〈有意義な一日一日を過ごせるよう、緩和《かんわ》ケアに務めましょう〉と確約してくれました。

妻も、ここを終息の地と定め、精神的には平穏でした。その十日後、院長から告げられたのは、〈十二日をもって閉院するので、どこか転院先を〉というものでした。

二日間しかありません。終末期の妻に、どう説明したらよいか……。

こうした巡り合わせは、一体、誰によるものなのでしょう。これを悪因悪果と考えるならば、それは妻によるのか、私か、院長なのか。

早々と雲隠れした事務長か、融資した銀行か、足繁《あししげ》く来ない市民のせいか、はたまた国の失政のツケだったのか。振り出しにもどせば、太鼓判を捺した、掛かりつけの内科医にまで至ります。

こうして考えますと、人の一生は、極めて複雑な人生双六《すごろく》のように思えます。心も身体も、見えない部分をふくめ、ありとあらゆるものが関わりあい、それを「私」としているに過ぎません。

仏教では、自分や他者の存在を意識させ、行為させているものを、「業《ごう》」といっています。

古代インドでは、善いことをすれば善い果報が得られ、悪いことをすれば悪い果報がもたらされると信じられ、仏教にも影響しました。

また、この世における幸・不幸というものは、前世の業の報いだとされました。さらに現在の行為も業力《ごうりき》となって、未来に永く存続するという思想になるのです。

オウム真理教がさかんに活動した時代、よく「輪廻転生《りんねてんしょう》」ということがさけばれました。これも善因善果・悪因悪果、そして業と深い関わりをもつものです。善い行為は次の生（世界）で、恵まれた人間・天人に生まれかわれる。その反対に、悪い行為は、堕落した人間や動物に生まれかわると考えられたのです。

こうした因果や業の思想は、表面上だけを取り上げれば、何やら運命論や宿命論を説いているように思われがちです。

では、あなたのご主人や私の妻は、前世の行為によって、過酷なガンにさいなまれた、と結論づけるのでしょうか。

ガン予防のノウ・ハウがさかんにＰＲされ、保険のＣＭに負けず劣らず、といった趣きです。

タバコは肺ガンになる可能性が高いといいます。しかし吸わない人でもかかります。遺伝的体質、環境など、たしかに発病に至る、さまざまな因果関係はあるわけです。

しかしガンと、ご主人の人徳を絡《から》めて考えてはなりません。人々から敬愛された一生、これが善因善果でなくて何でしょうか。

（平成二十年十月・記）

質問⑦ 気《き》性《しょう》が激しくなった末期ガンの夫への対処

末期ガンの夫は、別人のように気性が荒々しく、どう対処すべきか、悩んでいます。

身のまわりの介護は出来ても、患者本人の心のコントロールにまでは、なかなか思いが行き届かぬものです。

人の性格というものは、医学的なことはわかりませんが、もって生まれた気性と、さまざまな環境によって、育《はぐく》まれたものだと思います。

仏教的にいえば、「私」という存在も、無数の因《いん》と縁《えん》とで成り立っているわけです。肉体も精神構造も然《しか》りです。それは、体内にがん細胞が発生したことにもいえることです。

気性が荒々しくなったことにも、必ず、この因と縁が影響している。何はともあれ、その面を気をつけてみることです。

私は長い間、仏教ホスピス活動に携《たずさ》わってきました。かなりの、ガン患者の方々とも接しました。そこで、荒々しくなってしまった人について、思い起こしてみます。

A氏は四十代半ばの人で、十五歳も年下の女性と結ばれ、一人娘を授かりました。ところが体調をくずして検査入院。診断の結果は肝臓ガンで、すでに手遅れだったようです。

私は奥さまの依頼で、入院中のA氏を訪ねました。その時は、とにかく再起に励むという言動が見て取れたので、先《ま》ずは安心と思っていたのです。

ところがです。

ある日の夕方、その奥さまからの電話で、一時帰宅中のご主人が、家の備品を壊すなど、暴れているから来てほしいというのです。

A氏の思いはこうでした。

妻は若く、娘は幼い。この二人を残して死んでゆく無念、苛立《いらだ》ち。その後の生活に対する焦り。

さらに、若い妻は、やがては再婚するだろう、自分は妻子から忘れられてしまうだろう……。そうした虚しさ、嫉妬にも似た感情が、抑えきれなかったのです。

もう一つの例は、自分が矻々《こつこつ》と築いた財産を、浪費癖《へき》のある妻が、おもしろおかしく使い果たしてしまうのではないか。つまり疑心暗鬼が高じてのことでした。

平常ならば、こうした感情を圧《お》さえることが出来る人でも、何かの切っ掛けで、有らぬ事をしでかすことは、往々にしてあるものです。

死と死ぬことの恐怖、それが人によって時として、荒々しくさせるのでしょう。

岸本英夫氏（宗教学者）と、その手記『死を見つめる心』については、すでに触れたところですが（本書23～24頁）、その中で、生死観には二つの立場があるとも述べています。第一は人間一般の死。いわば漠然として想像するようなものです。

第二は、自分自身に降りかかった死です。「腹の底から突きあげてくるような生命に対する執着や、心臓をまで凍らせてしまうかと思われる死の脅威《きょうい》におびやかされて」、「生命飢餓状態におかれている」。「生存の見通しに対する絶望」だと述べられています。

やがて氏は、死の恐怖・焦燥感を克服して行くのですが、そのプロセスにおける葛藤《かっとう》は、すさまじいものです。

いうまでもなく患者にとって、一般的・観念的死は通り越しているのです。もちろん荒々しくなることは、本人にとっても周囲に対しても、好ましいことではありません。

けれども介護する側は、現象面にのみ目を奪われず、なぜそうなるのかという、発端と経緯にも目を向けたいものだと思うのです。

エリザベス・キューブラー・ロス氏の『死ぬ瞬間』（読売新聞社・刊）には、末期疾患の患者が辿《たど》る道筋を五段階で述べています。

第一段階は、否認と隔離で、診断の結果や告知を認めないのです。第二段階は怒り。なぜ自分なのかという憤《いきどお》り、恨《うら》みも生じます。第三は取り引きで、神や医師に、延命と交換すべきものを申し出るのです。第四段階は抑鬱《よくうつ》。過去の罪悪感、あるいは目の前に迫る死など、取り戻せない喪失感です。そして第五段階は受容で、生に対する執着からの解放となります。

氏は、これらの患者の情動（怒り・恐れ・喜び・悲しみなどの急速、急激な感情の動き）を認めるべきだという立場です。それらを受け入れることが、平安をもたらすことになると述べています。

仏教でいう、柔軟心《にゅうなんしん》（いかりを起こさず柔和であること）と、勇猛心《ゆうみょうしん》（いかなる困難も克服しようとする意志＝辛抱強さ）で接することです。

（平成二十三年十一月・記）

質問⑧ 生き甲斐《がい》がない

老齢のせいか、何彼《なにか》につけ生き甲斐を憶《おぼ》えません。シャキッとする方法はないですか。

経済大国・日本は揺らぎ、一方、長寿大国・日本は盤石《ばんじゃく》です。女性は八十六歳台、男性は七十九歳台。これは世界のトップクラスで、大会でもあれば団体戦の金・銅メダリスト。

百歳以上は四万三百九十九人を数え（平成二十一年当時）、長寿者は今後もさらに増えると予測されています。十万人中、約三十二人が百歳以上ですから、七十歳台以上を含めれば、大変な人口です。

しかし、高齢になれば、誰もが生き甲斐をなくすわけはなく、逞《たくま》しく、溌剌《はつらつ》と生きている人もおられます。

未完成だから老《ふ》けこんでいられない　（安井蜂呂）

終着駅まで、後どれほどかわかりませんが、人生は各駅停車のようなもの。乗り下《お》りする人、車外の景色に目を凝《こ》らしてご覧なさい。

美しく老いたし写経も恋もして　（石岡正司）

心の静寂を求めつつも、また、心のときめきも生活のアクセントですから、自分を、老いという囲いに幽閉《ゆうへい》してはならないと思います。

ふるさとを捨てて団地の日向《ひなた》ぼこ　（永城）

家財を畳《たた》んで、息子・娘家族の世話になる境遇もあるでしょう。若い夫婦は共働き、孫は学校から戻るとすぐに塾通い。馴染《なじ》めぬ土地、親しく言葉を交わす人もない、団地での日がな一日……。この句には、生き甲斐はもとより、生きてきた甲斐さえ見出《みいだ》せぬ、老いの悲哀を込めてみました。

しかし、「想い出が生きる力になる老後」（出口セツ子）と受けとめる人もいるのです。

生き甲斐には、たしかに経済的な面、健康面も多く関わってくるでしょう。高齢者に対する国の施策も問われています。

天下り先に、あらかじめ莫大な金額の御手盛《おても》りができるのなら、財政的支援のさらなる改善余地はあるはずです。といって、先行きが短いから、という論理は戴《いただ》けません。長い間の社会に対する労に報いる、というべきでしょう。

それはそれとして、生き甲斐を、「生き方」という観点で考えることも必要ではないでしょうか。

その意味で、老いて「甲斐」がないという主張は、何らかの価値基準や観念を置いて、それに相違するところから生じるように思うのです。

つまり、目当てや見込み、頼みとしていたもの。その期待に添わない結果が、喪失感をもたらすことになりはしないか、ということです。

禅の教えに、「前後際断《ぜんごさいだん》」があります。前と後の接続が断たれているとは、過去も未来も断絶していて、あるとすれば、「今」に尽きます。

何が生き甲斐だったにせよ、それはすでに過去のこと。今に引き替えクヨクヨすることはないのです。また、早く死にたいと願っても、それは未《いま》だ来《きた》らぬ先のこと。案外、長生きするかも知れません。

要は、他人と比較したり、借り物の生き甲斐の価値・観念にとらわれないことです。老境にあればあるで、その今を凝視《ぎょうし》する。そこに徹した時、生きる手応えも湧くことでしょう。

前後際断が得心《とくしん》出来れば、「今を生きる」中に、過去も未来も包含《ほうがん》されます。言葉を変えれば、今、今、今の、非連続の連続だとするのです。となれば、倦《う》むことも弛《たゆ》むことも、怠《おこた》ることもないでしょう。

昔、どなたかの講話本に、面白い話が載っていました。ある金持ちが、店の経営が左前になり、善後策の相談に和尚を訪ねました。事の成り行きを細々語るのですが、和尚は上《うわ》の空《そら》といった風《ふ》情《ぜい》。今まで寺のために貢献した自負もあり、店主が大声で詰《なじ》ったところ、和尚は悪怯《わるび》れる様子もなく、こういうのです。

「ご覧なさい。あの虻《あぶ》は、同じ障子《しょうじ》に頭を何度もぶつけていて。開いた戸から飛び出せばよいものを……。あの虻は死にますな。これが本当のナムアブダブツ」

固着した生き甲斐という障子に、頭をぶつけていると、人も生きながら死人と化します。視野を開けば、人生の大空もあるというものです。

もう一つ。ある人が和尚に尋ねます。「日に用いて知らずとは、どういう意味ですか」と。和尚は頻《しき》りに菓子をすすめます。菓子を食べ終わると、また同じ質問。和尚、今度はお茶をすすめます。おわかりですか、もう答えは出ているのです。

生き甲斐も、眼の前や脚下にありながら、ただ、気づかないだけなのかも知れません。
※引用の句は、番傘川柳本社編。
（平成二十一年九月・記）

質問⑨ 看護師だが患者さんとのコミュニケーションが不安

看護師として病棟勤務が決まりました。患者さんとのコミュニケーションが不安です。

どんな職業にしても、人間関係は疎《おろそ》かに出来ません。とりわけ病院という場は、医師と看護師だけで成り立つものではありません。むしろ主人公は、患者と呼ばれる人々です。

七、八年前の朝日新聞と記憶していますが、全国百八の国公立大学医学部・歯学部で、四年生を対象に共通試験が採用されたとか――。

その内容は、模擬患者に問診して、いかにコミュニケーションをはかれるかという、いわば適性検査です。つまり、医療不信への対処と、知識偏重《へんちょう》の医学教育を転換しようという試みです。

その背景には、無神経な言動で心を傷つけられる患者が、増大しているという事実がありました。患者の訴えに耳を傾け、意思の疎通《そつう》をはかれる人材養成をめざす、これが記事の概要でした。

看護師についても、同じようなことがいえると思います。予防・治療という、肉体的障害に向き合うのは当然ですが、特に入院生活余儀《よぎ》ない人の、精神性を重んじたいものです。

言葉を変えれば、職業的視点と人間的視点を合わせ持つことでしょう。

看護師の肩やわらかい試歩《しほ》の庭　（後藤破舟）

歩行用具を与えられれば、リハビリは出来ますが、肩を貸してくれるその人の温《ぬく》もりこそ、慰めとなり、励ましともなるのです。何もいわなくても、コミュニケーション行為は果たせる、これはその好例でしょう。

よく「血が通う」といいますが、義務的・事務的な対応でなく、人間らしい暖かみが伝わると、受けた相手も、素直な、穏やかな気持ちにさせられるものです。

こうなると、仮に看護師から手厳しいことをいわれても、患者は、向《む》っ腹《か》が立ちません。

よく叱る看護師さんのあたたかさ　（清幸）

といった、ゆとりに似た受け取りようにもなります。それだけに、言葉というものは難しいものです。その人、その状況によっては、仏の声とも聞こえ、鬼の声ともなります。

若い頃の私には、医師とのやりとりで、こんな愚かな経験がありました——。

ある日、急に、ガマン出来ないほど下腹が痛んだのです。電話で受付に応じてもらい、ある大病院に行きました。紹介状がないからなのか、診察室前の長椅子に待たされたまま。後から来た人が、何人も先に呼ばれます。

〈腹は痛いし、腹の虫もおさまらない〉心境でした。やっと医師の前に座ると、〈どうしました？〉と聞くので、〈ヘソの下あたりが激痛で〉と答えたのです。

医師はさらに、〈ここ数日、変わったことはないか〉と尋ねるので、〈そういえば風邪気味で、そんなことが原因かと……〉と。すると間髪を容れず、〈風邪から来るか来ないかは、医者の判断することだ！〉。

若気の至りでしたが、〈あんたが聞いたからいったまでだ！　もういい〉と診察室をとびだしてしまったのです。

〈何が医学部講師だ、ヤブめ！〉。帰路、私は心の中で、そう毒突いていましたが、フト我にかえると、痛みは治まっています。〈となると、あの医師は、ヤブではなかったんだ〉。

笑い話に聞こえるかもしれません。しかし、ものはいいよう、聞きようで、思わぬシコリを残すこともあります。

一口に「苦痛」といっても、患者の抱える痛みは多種多様です。身体的・精神的ばかりでなく、経済的・社会的な面もあるでしょう。人生観・死生観にも関わりがあります。

勿論《もちろん》、これらの中には、看護師の立ち入れぬ領域はあるでしょう。しかし、それらの苦痛の深浅《しんせん》や幅はともかく、人は、あらゆるものを引っ括《くる》めて存在しているということ。そこに目を向けておく必要はあると思います。

たとえば、患者のこの嘆きはどこから来るのだろう、この焦りと憤《いきどお》りは何によるのだろうと思いやる。そうした目配り気配りが、コミュニケーションの道を開くのだと信じます。

仏教に「四摂法《ししょうぼう》」の教えがあります。簡単にいうと布施《ふせ》（物や心の施《ほどこ》し）、愛語《あいご》（やさしい言葉）、利行《りぎょう》（人々に福利を与える行為）、同事《どうじ》（立場をこえて協同する）、この四つです。

「摂」というのは、引きつける、導くことです。それには人々を受け容れる態度が大切です。受けとめてくれると思えば、親愛の情もわいて来るというものです。

（平成二十四年一月・記）

質問⑩ 義母と仲良くできずウンザリ

義母と同居していますが、何かにつけて折り合わず、ウンザリしている毎日です。

嫁と姑の不仲は卑弥呼《ひみこ》の時代から——、などといわれます。卑弥呼が嫁だったか姑だったか、私にはわかりませんが、今に始まったことではない、ということでしょう。

昔は、男は外で働くもの、女は家事に専念するのが当たり前。そうした時代は、嫁・姑の関わる時間や干渉しあうことは、長く多かったに違いありません。

　姑の日向《ひなた》ぼっこは内を向き

という川柳もあって、〈ヤレヤレ、外に出掛けてくれたようだ〉と思っても、〈どっこい、そうは問屋《とんや》が卸《おろ》しません〉。監視の目は微睡《まどろ》みを許さない、そんな有様《ありさま》です。

現代ともなると、一般論ですが、それが緩和《かんわ》されたというか、その立場が逆転したような状況も見られます。

だいぶ以前、たしか敬老の日の新聞に、ご高齢の方の川柳が掲載されていました。それは、

　きつすぎる嫁の味方をする風か

　反旗とる嫁の本音を風に聞く

というものでした。私はこの二句に、硬軟二通りの、姑の心情、人情の機微というものが表われて

いる、そんなような気がするのです。

人はどなたにしても、自分の生きてきた「経験」によって、物事を判断します。是非善悪の価値観も、それによって生じます。また人は、確固とした信条を得ないまま、成り行き次第で、黒白をつけてしまいがちな性癖を持っています。それは、おたがいがそうなのであって、相手だけを決めつける刃にしてはならないでしょう。

「折り合わず」という状態は、結局のところ、双方が自己主張をしているからであって、これに気づき、取りさげない間は、どちらもウンザリ感は解消しないでしょう。

先ほど、経験について述べましたが、見方を変えれば生まれ育ち、暮らしてきた「環境」も、物の判断の異なる所以《ゆえん》でしょう。

たとえば、私の両親がそうでした。父親は東京・新宿生まれで、江戸っ子気質。母親は滋賀県生まれで京都暮らしをした人でした。食生活を例にとると、片やソバ好き、片やウドン好きでダシも鰹節《かつおぶし》派と昆布《こんぶ》派。醤油《しょうゆ》味も、濃《こ》いと淡《うす》いと好《この》みが違いましたが、お互いの〝匙《さじ》加減〟がよかったせいか、その面のトラブルを知りません。

私の姉は戦中に、海軍の軍人とお見合いならぬ、写真結婚をしました。厳しい義父母との同居でした。夫が復員しても、仕《つか》えるのは舅《しゅうと》・姑《しゅうとめ》だったようです。子どもの成長のためだけを支えに、耐えて生きたと述懐《じゅっかい》していました。

「（舅・姑に）何をしてあげても、仏さまご先祖さまのお蔭一辺倒。腹立たしい限りよ。私への労《いたわ》りの言葉など、カケラほども聴いたことがなかった。八十歳を超えた義母《はは》が寝たきりになっても、悔しさは消えなかった。けれど、それからというもの、私を拝むのよ。おムツを替える、寝返りをさせる、と拝む。何よ今さらと思ったわ。

でも、ありがとうという思いが伝わってくるの。それからよ。あぁ私は、この人によって随分、仕込んでもらったんだって思うようになった。箸の上げおろしでしょ。それで正月の御節《おせち》料理も、親戚近所のつきあいも、みんな身についたの。この人のお蔭だったのね」

卑近《ひきん》な例を挙げましたが、私は、折り合うことのヒントを申し上げたかったのです。

禅では「自他一如《じたいちによ》」を説きます。自己に対して、対象となるものを「他己《たこ》」といいます。相手を指すときにも用います。

ただ注意を要するのは、文字はよいのですが、言葉の音が気になります。〈あなたタコだね〉などといっては、感情を損《そこ》ないかねません。本当は、自分が関わるもの全ては一如。それに気づくことが大切なのです。

道元禅師は、「同事《どうじ》というは、不違《ふい》なり。自にも不違なり。他にも不違なり」と示されております。自己主張をやめて、対象とされる人や物事との調和、平等の心で接することこそ肝要な心掛けでしょう。

些細《ささい》なことも拳《こぶし》を振り上げれば、退《の》っ引《ぴ》きならぬ場面となります。一つ一つが積み重ねです。ウンザリとならず、一日一日の出来事を瑞々《みずみず》しく。でないと、〝運去り〟人生になりますよ。

(平成二十四年一月・記)

質問⑪ 「無《む》縁《えん》社《しゃ》会《かい》」とは何か？

「無縁社会」、ということがいわれています。仏教の説く「無縁」と同じ意味ですか。

新聞、書籍・雑誌、テレビなどでも、「無縁社会」の問題が、かなり取り上げられています。

この言葉のもとは、NHKが二〇一〇年に放送した、キャンペーン番組のタイトルにあったものです。切実な問題をはらんだ内容だったこともあり、反響は大きく、流行語としても広まりました。

番組で指摘された無縁には、いろいろな要因が絡《から》みあっていますから、その意味では、どれもが無縁ではありません。

それを敢《あ》えて、個々の問題として挙げるとすれば、まず第一が「少子高齢化」でしょう。

社会の構造や機能が、めまぐるしく変化する中で、次に浮彫《うきぼり》にされたのが、地域や親戚関係の絆の問題でした。つまり、地縁血縁という関わりの断絶です。

それは家庭という単位にまで影響を及ぼし、「隣は何をする人ぞ」どころではありません。暮らしを共にしながら、すれ違いと家族不在のようなありさまになっているのです。

携帯電話やネット交流が幅を利かせ、生身の付き合いに疎《うと》いことも、問題視されています。

さらには、孤独死の増加。長引く不況による非雇用や未婚率、自殺率……。こうして老若男女を問わず、人々が孤立している現代社会の現象を括《くく》って、無縁社会とよんでいるようです。

放映された無縁社会の断面から、私は改めて、二つのことを窺《うかが》い知ることが出来ました。

その一つは、現実生活には、自分の思いや力だけでは、どうにもならない苦しみ悩みが生ずるということ。孤独とか孤立です。

しかし、それだけではないと思いました。二つ目は、自分自身が、求めて無縁であろうとしているのではないか、と。

〈カラスなぜ鳴くのカラスの勝手でしょ〉と、童謡をパロディ化したあの文句の中には、自分を囲いこみ、他人のことなどにはわれ関せず、の思いが聞き取れます。

垣根越しに、隣家から声をかけられる。それが何とも煩《わずら》わしい。ブロック塀《べい》を高く築いてヤレヤレ。そこまではよかったが、そのために空き巣に入られたという、笑えぬ話があります。これなども、日頃のお付き合い、コミュニケーションという風通しを拒《こば》んだ、とんだ災難の一例です。

とにもかくにも、無縁という言葉が氾濫《はんらん》する世の中などというものは、原発事故の放射能汚染水のようなものですから、早々に除去しなくてはなりません。

それでは、仏教の説く無縁とは、一体、どのような意味を持つものでしょうか。

たしかに、昔から「無縁仏《ほとけ》」とか「無縁墓地」とかの用語はありました。身を寄せる者がいないという意味では、たしかに無縁社会と共通します。

けれども仏教が言わんとするところは、そんな、切って捨てたような内容にとどまるものではありません。勿論、単に「縁がない」と訳すこともありますが――。

たとえば、仏教語に「無縁衆生《しゅじょう》」があります。衆生は、生きとし生けるもの、あるいは人々をさします。

「過去世において、いまだかつて仏・菩薩と因縁を結んだことのない衆生」をいいます。

また「縁なき衆生は度《ど》し難《がた》し」といって、〈いって聞かせても、一向に聞く耳をもたないんだから。あいつはまったく救いようがないねェ〉などと、一般的にも使います。

言葉だけを解釈すれば、そういうことになるのでしょうが、仏教的立場から見るならば、意味付けはかなり違ってきます。

無縁衆生にしても、それは過去世においてであり、だからこそ現在世、今生において、尊い仏縁・法縁を結びなさいと、すすめているのです。

また「無縁慈《じ》」といえば、相手が誰で、どのような人格であっても、無条件でいつくしむことです。「無縁の大悲《だいひ》」ともあります。分別《ふんべつ》・対象にこだわらず、片寄らず、すべて平等の目で見る慈悲こそ、無縁の大悲です。

卑近すぎる例で恐縮ですが、電車の中の光景にそれがあります。居眠りしている老人が、自分の肩に頭を傾けてくるので大袈裟に押しかえす。ところが妙齢の女性だったりすると……。これでは無縁慈とはなりません。

無縁社会が声高《こわだか》に語られている昨今、しかし捨てたものではありません。東日本の大震災・津波、原発事故の中で、仏教的無縁の思想は生きていました。壊滅していなかったのです。

支援する人、身を挺《てい》して日夜、救助・復旧する人の姿がそれです。

（平成二十三年五月・記）

質問⑫ 震災を契機《けいき》にいわれている「絆《きずな》」について

東日本大震災を契機として、「絆」ということが強調されています。仏教的には、どのように解釈されますか。

多くの生命・財産を失ったあの日より、一年以上が経ちました。経済的復興もさることながら、精神生活の面においても、一日も早く立ち直ってほしい――。これは万人の願いでしょう。

しかし被害に遭った人々からすれば、この私たちの願いさえ、絵空事《えそらごと》に聞こえるかも知れません。それほど、物心《ぶっしん》両面の痛手は甚大《じんだい》でした。

復旧・復興が声高にさけばれながら、具体的な支援は、遅々として進んでいない現状に、被災者は、苛立《いらだ》ちと焦《あせ》りと虚《むな》しい思いで、細々といのちをつないでいます。

絆という文字は、「つなぎとめる」という意味ですが、旁《つくり》（漢字の右側の部分の字形）の「半」の字源は、牛を二つに切り分けること。つまり「分ける」ことを意味します。

悲哀に打ちのめされた人々に、どう対処すべきか。それは繋《つな》ぎ合い、分け合うことに他なりません。

私は、仏教が説く「四摂法《ししょうぼう》（布施《ふせ》・愛語《あいご》・利《り》行《ぎょう》・同事《どうじ》）」こそ、絆の根幹をなすものと考えます。

これまで述べましたことは、「他に寄り添うべき心の姿勢」、としての絆でした。これから申し上げるのは、自分自身の生活態度に関わる絆。それを具体的な例を挙げて、話を進めたいと思います。

私の寺の周辺は、マンション建設のメッカのような様相《ようそう》を呈《てい》しています。今も、営業不振で撤退したファミレスの跡地に一棟《むね》、建設の重機が音を響かせています。

最近、これらのマンションでの「空巣被害《あきすひがい》」が多いのだそうです。ところが、新聞の地方版にも、余り掲載されません。人が犬を咬《か》んでこそのニュース……、その類《たぐい》です。

当事者に聞いてみると（勿論、空巣にではありません）、〈くやしいけれど、たまたま家族全員が留守でよかった……〉。なるほどそうでしょう。昨今は、刃物が脅しの道具ではなくなりました。

以前、この道十年余り逮捕されることもなく、〝自主廃業〟した空巣なる人物が、テレビ出演していたことがありました。

それを要約すると――

〈オートロックや、複雑なカギなどは弄《いじく》らなくても、どこかしら進入出来る箇所《かしょ》と術がある。入りは三分、探しに五分間だから、ゴミを出し、立ち話でもしている間に、玄関からでもコトは進められる〉。

そのためには、実地調査を怠《おこた》らない。「下見七割」なのだそうです。

思えば、現代社会の私たちは、何かにつけて人間関係を敬遠しがちです。そして、防犯機器に身の安全を託すのですが、逆に盲点を突かれ、空巣稼業が成り立つのですから、何とも皮肉な話です。

ところで、それならば防止する最善策は無いのか。あるとすれば何なのかですが、〝達人〟いわく、〈日頃から、隣り近所との人間関係を密にすること〉。

なるほど、それがカギだったのです。外面ばかりに頼りきった生き方こそ、空《から》っぽの心の巣。その隙間《すきま》に忍び込んでくる。これこそ、人と人との絆の喪失を物語るものといえるでしょう。

個人のプライバシーの保護、他人の自由に干渉しないといえば、今日的には、美徳や節度のように思われがちです。それはそれでケースバイケース、必ずしも否定されるべきではありません。けれども、それだけでは人間、生きることが出来ないことを、東日本大震災は多大な犠牲を払って、告げているのです。その警鐘を、私たちは確《しか》と聞き分けることです。

蓑虫《みのむし》の守りの殻《から》が命取り　（永城）

東京を中心にした首都直下型大震災。東海・南海・東南海大地震――。それらが真近なものと予測されていれば、尚更のことです。

今、東京の団地やマンションでは、密室化した生活環境を見直し、より広い交流の輪を模索していると聞きます。昔の村落共同体の、よき面を改めて学びたいものです。

絆を仏教的にいうとすれば、「縁《えん》」ということになるでしょう。釈尊は次のように示されます。

「一つの網の目がそれだけで網の目であると考えるならば、大きな誤りである。ほかの網の目とかかわりあって、一つの網の目といわれる。網の目は、それぞれ、ほかの網が成り立つために、役立っている」（『仏教聖典』＝仏教伝道協会・刊）

他を「敬遠」するのではなく、めざすべきは「敬縁」の社会でしょう。

（平成二十四年三月・記）

質問⑬ 高齢者所在不明や幼児《ようじ》虐待《ぎゃくたい》をどう見る

超高齢者の所在不明や幼児虐待。この異状さの要因を、仏教的にどう見ますか。

そうでした。百十一歳のはずの老人が、白骨遺体で発見され、それも三十数年、自宅に寝かされていたという、奇怪な事件が発端《ほったん》でした。

私などは、〈もしや、また新手《あらて》のカルト集団か〉と訝《いぶか》ったものです。ところが、一見すれば普通の家庭。それだけに、かえって異状さが増幅させられるのです。

この事件を糸口に、高齢者の所在不明は、日を追うごとに増え続け、福祉や医療制度をも巻き込む、深刻な状況を露呈《ろてい》しています。

百歳以上の所在不明者は二百四十二人（平成二十二年八月十五日現在＝読売新聞）に跳《は》ね上がりましたが、後期高齢者とは六十五歳以上。この年代を加え、さらに調査が進めば、かなりの人数になることでしょう。

個人の生き方、社会的・家庭的環境など、人によって境遇はさまざまですが、他人事ではすまされない、忌々《ゆゆ》しき問題を孕《はら》んでいます。

幼児虐待《ぎゃくたい》の問題も悲惨です。壁に投げつける、俎板《まないた》が割れるほど叩く、水さえ与えない、餓死させる……。

悲母観音ならぬ「非母」観念のありさまに、胸を掻《か》きむしられる思いです。たとえ内縁とはいえ、子どもにとっては甘えたい、縋《すが》りつきたい存在だったはずでしょうに。

虐待による死を山の頂上、傷害を中腹にたとえるならば、言葉や態度による精神的虐待は裾野《すその》といえます。高齢者の所在不明と同様、その日毎の広がりに、固唾《かたず》を呑《の》む思いです。

話を高齢者にもどします。

先頃、日本人の平均寿命が発表されましたが、百歳以上は数年後、五万人台をむかえると予測されています。(この中に所在不明はないものと祈りたい)

経済大国・日本は遠い過去の幻影ですが、長寿においては、今も揺るぎはありません。しかし問うべきは、その中身でしょう。

私流にこの国の姿を表現するならば、「図体《ずうたい》だけは大人」です。さらに、コレステロールも異状に高く、各器官の生理機能も正常さを欠いた大人です。


国がそうなら人も人で、戦後六十五年の歩みのどこかで、「真面《まとも》さ」を置き忘れてきたようです。最近では、この真面ささえも茶化し、嘲笑《せせらわら》う傾向のテレビ番組が横行するなど、呆《あき》れてしまいます。異状と感じない、思っても素知《そし》らぬふりをする。これもまた異状です。

正常にもどす余地はあります。それは、「過《あやま》ちては改むるに憚《はばか》ること勿《なか》れ」で、〈実のところは何か〉に目を向けることでしょう。身勝手さが、虚《きょ》を実《じつ》と思いこませるのです。

仏教、特に禅の方では、「本来の面目《めんもく》」ということをいいます。あるべき心に立ち帰るには、真面《まとも》さが欠かせません。

一般的にいえば「人の道」に違《たが》わないことで、これを社会通念として押し上げなければ、ギクシャクとした人間関係は縺《もつ》れる一方でしょう。

もう一つ、禅語に「喫茶去《きっさこ》」があります。平易にいえば〈お茶をお上がり〉といった意味です。ただ淡々《たんたん》と頂けばよい。人の道もその通りであって、途轍《とてつ》もないことを考える必要はありません。人として、親として子として、社会人として、当たり前のことをすればいいのです。それが何故か出来ない。というより、しないのは、どこかで自分本位に陥《おちい》っているからです。

喫茶去の語には、別な意味合いも込められています。〈シャキッとして、出直して来い！〉ということ。なるほど社会の現状には、惰性《だせい》と眠気をさます、警策《きょうさく》（坐禅中、肩を打つ棒状のもの）が必要です。

ところで最近、「お蔭《かげ》さま」という日常挨拶《あいさつ》は、ほとんど聞かなくなりました。たまに耳にするのは、〈サプリメントのお蔭です〉といった類《たぐい》のコマーシャルです。サプリメントとは、つまり「栄養補助食品」ですが、今や、「サプリ大明神《だいみょうじん》」よろしく崇《あが》められています。

バランスを欠いた食生活と、手軽さにとびつく現代人の虫のよさ。では「お蔭さま」は、愛飲者・業界、どちらに靡《なび》いていると思いますか？

余談はさて置き、お蔭さまとは、仏教の示す「縁起《えんぎ》」に他なりません。個々のいのちは、無数の縁によって成り立っています。

その結び目を否定することは、とどのつまり、自分の人生・いのちを損《そこな》うことになります。お互いが、よりよい結び目となることが、健全な家庭、社会につながります。

寄《よ》りよく、縒《よ》りよく生きましょう。

（平成二十二年八月・記）

質問⑭ 体《たい》罰《ばつ》をどう考える

体育系教諭《きょうゆ》による体罰が、問題になっています。仕付《しつ》けや虐待《ぎゃくたい》を、どう思いますか。

大阪市立桜宮高校の、バスケットボール部に所属する男子生徒が、顧問から体罰を受けた翌日、自殺したという事件がありました。

この生徒はキャプテンとして、他の部員よりも厳しく処遇《しょぐう》されていたようです。しかしこの生徒に限らず、体罰は以前から、また、かなりの人数に及び、常態化していたといいます。

ここで考えてみたいのは、自殺という、極めて残念な結果だから問題なのか、です。そうではなく、体罰という暴力に依存し、向上を図《はか》ろうとする、指導法自体の是非ではないでしょうか。

そしてもう一つ。体罰を容認するつもりはありませんが、そこに、指導者に対する信頼や偽《いつわ》りのない納得があったならば、事態はかなり変わっていたと思います。怖《こわ》さで従わせるのは邪道です。

『正法眼蔵随聞記《しょうぼうげんぞうずいもんき》』という書物があります。これは道元禅師《どうげんぜんじ》が、一日の修行が終わり、ひと時の寛《くつろ》いだ中で語った内容を、弟子の懐弉《えじょう》禅師が記したものとされます。その中に——

「学道《がくどう》の用心《ようじん》、本執《ほんしゅう》を放下《ほうげ》すべし」

と示されています。仏道を学ぶ心構えとは、本来的な執着、つまり以前から抱いている、こだわりを投げ捨てることだ、と。

俗に「焼きを入れる」といいますが、刺激を与えて、シャンとさせたかったのかも知れない。としても、十発、数十発の平手打ちなどとは、とても尋常なこととは思えません。

それが事実だとしても、教諭となった当初からそうだったのでしょうか。実績を上げる手っ取り早い手段、そして功《こう》を奏《そう》したことがエスカレートし、指導者の身に付いてしまった……。私はそう推測するのですが、これも本執です。

信頼と偽りのない納得といいましたが、『随聞記』の中には、こんな逸話も綴《つづ》られています。

「先師天童浄和尚《せんしてんどうじょうおしょう》、住持《じゅうじ》の時、僧堂にて、衆僧《しゅそう》坐禅の時、眠を警《いましむる》に履《くつ》を以《もっ》て是《これ》を打、謗言呵責《ぼうごんかしゃく》せしかども僧、皆、被打事《うたるること》を喜び、讃嘆《さんだん》しき」

（道元禅師の師・天童山の如浄《にょじょう》禅師が住職だった折り、修行僧たちの坐禅中、居眠りをしている者がいると、履物《はきもの》で殴《なぐ》りつけ、激しく叱《しか》った。しかし皆、叩《たた》かれたことを有難く感じ、深く感動して気を奮《ふる》い立たせた）

このように、厳格さに徹した如浄禅師でしたが、ある日の提唱《ていしょう》では次のように、述懐《じゅっかい》されています。

「諸兄弟《ひんでい》、慈悲をもて是を許し給《たま》へと言ば、衆僧流涕《るてい》しき」

（僧堂の責任者として、僧たちの迷いを断ち、修行を助けるため、とはいえ、ある時は強く叱責《しっせき》し、打ち据《す》えもした。このことは、実に心苦しく恐れ多いことである。しかし、それもこれも、仏になり代わって、修行の実を得させるための方策《ほうさく》であった。ともに仏道を行ずる兄弟たちよ、私の真意を汲《く》んで、慈悲の心で許してほしい。そう如浄禅師が詫《わ》びると、多くの僧たちは皆、涙を流したのである）

道元禅師は、さらに「如是心《かくのごとき》を以てこそ、衆をも接し、化《け》をも宣《の》べけれ」と、先師を称《たた》えて示されています。

この意味は、……というような深い思いがあるからこそ、多くの修行僧を親しく導き、教化も行き届くのだ、ということです。

スポーツの指導者も同様です。「強化」一辺倒ではなく、いかに「教化」育成を図るか、示唆《しさ》に富む話です。単なる体罰は暴力であり、虐待でしかありません。前提となるのは怒りではなく、慈《いつく》しみです。

仏教に、「方便《ほうべん》」の教えがあります。「ウソも方便」という諺《ことわざ》で有名な語ですが、本来は、真実（さとり）に到るための、いろいろな修行方法や工夫を意味しています。

真実に到ることを目的とすると、修行方法、工夫は方便。言葉を変えれば、ある種の手段です。これをスポーツに擬《なぞら》えると、優勝とかメダル獲得は目的となります。

目的のためなら手段を選ばず、などといいますが、しかしそれが、体罰や虐待であって良いものかどうか。健全なスポーツ精神からすれば、もうその段階で、すでに敗者でしかありません。

虐待と仕付けは、まったく別ものです。厳しい修行・鍛錬《たんれん》とも異質なものです。『随聞記』は、それを物語っています。

仕付けとは歩むべき道すじで、だから仕付け糸が必要なのです。糸を施《ほどこ》すのは指導者の責務です。それに添って運針《うんしん》させ、キチンと仕立てあげるから、仕付けは「躾《しつけ》」ともなります。人間教育の原点が、この文字には託されているようです。

（平成二十五年一月・記）

質問⑮ 落ち着きのない息子に坐禅をさせたい

中学生になった息子は、落ち着きがなく、担任教師にも指摘されました。坐禅でもさせたらと思うのですが。

進学して三、四ヵ月。〈気力がなく、ボンヤリ、ダラダラしていて心配〉、といった声をよく耳にします。新たな環境、漠然とした将来への不安、年代による生理的な面も見過ごせません。

ところで親であるあなた自身は、坐禅をした経験がありますか。というのも、私の寺に同じような相談を持ちかけてきた方が、これまでにもかなりいたからです。

〈親に乱暴な口をきくようになった〉、〈勉強に集中していない〉、〈成績がのびない〉、〈身の回りの整頓ができない〉。その解決法を「坐禅でも」に求めて来るのです。

そこで私が尋ねます。「あなたは坐ったことがありますか。昔の親は、まず自分が口に含んで、食物の安全を確かめ、熟《こな》れをよくして子に与えたものです。子どもにとって薬になるかならないか。最初に親自身が味わった方がいいですよ」。

こういいますと、たいがい〈わかりました〉と電話を切るか、再び足を運ぶ人も希《まれ》です。〈じゃあいいです〉と、不満気な面持ちも——。中には、不親切な和尚と映ったのでしょう。

社員研修でも、ときおり同様の〝注文〟が届きます。〈警策《きょうさく》っていうんですか、アレ遠慮なくやって下さい〉。大きなお世話のその幹部社員、こちらへどうぞと坐を勧めると、アレというように腰が引けています。

修行は、「大衆一如《だいしゅいちにょ》」で、上も下もなく一体となってつとめるものです。むしろ〝人生の先輩〟の「率先垂範」が望まれます。

さて、その「坐禅の仕方」にも、禅三宗（臨済《りんざい》・曹洞《そうとう》・黄檗《おうばく》）によって違いがあり、また修行僧と一般参禅者とでは、指導法も異なります。そこで初心者向けに、概略を説明することにします。

まず服装は、胸や脚《あし》を締めつけないゆったりとしたものを着用し、合掌の後、坐蒲《ざふ》（坐禅用の円形の座布団）に腰を下ろします。座布団を二つ折りにすれば、代用できます。

脚の組み方には、「結跏趺坐《けっかふざ》」と「半跏趺坐《はんかふざ》」の二通りがあります。結跏趺坐は右足を左腿《もも》に、左足を右腿の上にのせ、半跏趺坐は左足を右腿にのせます。それが無理ならば、正座、あるいは椅《い》子《す》を使った「椅子坐禅」をする方法もあります。

坐蒲・椅子ともに、比較的浅く坐り、背筋をピーンとのばしたまま、両肩の力を抜き、顎《あご》を引いて、頭で天井を突くように上体を伸ばします。

口は奥歯の上下を軽く噛みしめて閉じ、目は半《なか》ば開いて、約一メートル前方に落とします。

次が「左右揺身《さゆうようしん》」で、両の掌《てのひら》を上に向け両膝に置き、深く息を吐き出し、始め大きく段々小さく、ゆるやかに上体を左右にゆすり、垂直の所で止めます。

坐禅中の掌の組み方は「法界定印《ほっかいじょういん》（天地万物と一体）」といいます。これは右掌に左掌をのせ、左中指の先端が右中指の付け根に、さらに左右の親指の先も触れ合うようにして、その中心をお臍《へそ》に相対する位置におきます。

こうして、姿勢を正しく整えた後の工夫は、「呼吸法」です。紙風船の穴から、かすかに空気を抜くようにしぼめたら、そこからまた空気をそそぎこむように、お腹の底まで、無理なく一定に繰り返すのです。

普通は四十分ほどが目安ですが、自分一人でする場合は、その時々の身体と、心の状態に合わせてもよいと思います。

坐禅の終わりは、鐘の合図に従って合掌、左右揺身（始め小さく段々大きく）の後、組んでいた脚をほどいて立ちあがります。服装を調《ととの》え、改めて合掌低頭《ていず》して終わります。

永平寺での坐禅

実際は、もっと細かい作法がありますから、自己流で良しとせず、僧侶から直接、正しい身構え、心構えについて学んで下さい。

重ねていいますが、警策は、身と心を目覚めさせるものであり、本来、罰を与える道具ではありません。

とにかく、子どもに勧めたいのなら、先《ま》ずはあなた自身が坐禅に親しんで下さい。心静かに坐った後で、落ち着かぬ息子さんのことを考えても、決して遅くはありません。

現代は喧噪《けんそう》と刺激、そしてストレスの渦巻《うずま》く時代です。コップの中の濁りを澄ますには、掻き回さず、ひとまず時を置いて静かに見定めるのがコツのようです。

（平成十七年六月・記）

質問⑯ 寺の総《そう》代《だい》を引き受けてしまったが

予備知識もなく、寺の総代を引き受けてしまいました。本来はどんな立場ですか。

寺と檀家に関わる相談を受ける中で、つねづね思うことは、寺の機構ということが、あまりにも知られていない、ほとんど気にもとめていなかった人が多いということです。

どの団体でも会員になる以上は、その会の趣旨を予《あらかじ》め承知した上で、入会するはずです。その点、いわば世襲《せしゅう》、「家の宗教」として受け継がれてきた寺と檀家の関係は、よくいえば寛容、悪くいえば放置のままを通してきたようです。

ことに大都市圏の寺の檀家ともなると、総代が誰で世話人が誰か、知らない人の方が圧倒的に多いのではないでしょうか。

当の総代・世話人も、〈親の代からやっていたから〉、〈住職から声をかけられたので〉、〈地域で推され仕方なく〉といった、どちらかというと、受け身の姿勢が見てとれます。勿論、名誉と感じている人もいるでしょう。

この総代・世話人という役職名は、寺だけに用いられたものではありません。神社にも氏子総代がおり、祭礼の世話人がいます。また卒業式でも、卒業証書を代表して受けとる生徒は〈……以上総代・誰々〉です。

寺における総代・世話人の制度はいつ頃からなのか。それは多分、江戸時代。キリスト教を禁じ、庶民を必ず仏教寺院に帰属させるという、寺請《てらうけ》制度が確立されたあたりかと思われます。

総代とは「総名代《そうみょうだい》」のことであり、名代とは人の代わりに立つこと、またはその人をさしますから、檀家全員を代表する人をいいます。

世話人とはその名の通り、世話をする人ですから、主に一般檀家の世話をし、総代を補佐し協力するという役目だったのです。地区内の檀家を束《たば》ねるのも世話人でした。

こうして住職を中心に、総代・世話人が役員会を構成し、寺の行事や財政を切り盛りしてきたのです。

時には檀信徒の意見を代弁し、また住職の意向を伝え、あるいは率先して、物心両面で寺を存続させてきた原動力が、総代であり世話人でした。

この寺の制度は、永い歴史の中で脈々と受け継がれ、いかなる宗派・寺においても、今日もなお機能し続けています。

ところで戦後、民主主義が推《お》し進められ、寺も宗教団体法から、法律に基づく宗教法人法に改められることになりました。各寺院は、この法律にしたがって「宗教法人〇〇寺（院）規則」を作成し、一般的寺院ならば、都道府県知事の認証を受けることが義務づけられたのです。

紙幅の都合で詳しくは述べられませんが、世間では、檀家の中で一番権限があるのが総代、と思われがちですが、「規則（法律上）」には、総代の義務や権限について触れておりません。

これに替わるものが「責任役人」で、「この法人の事務を決定する」とされております。つまり、議決権を持っているのです。

責任役員の構成人数は、寺によって異なります。

三名のところもあれば五名、七名と規定している寺もあります。その内の一名が「代表役員」で、曹洞宗を例にとれば、「この寺院の住職の職にある者をもって充てる」となっています。

私の場合、現在、本務寺院に加え、二カ寺を兼務しております。本務寺院の責任役員会は七名で、私が代表役員。本寺住職・友人の住職（二名）・総代（三名）という構成です。兼務寺院は五名で、代表役員が私、本寺住職・総代（三名）となっております。

こうして見ますと、慣習の中から生まれた役員としての総代、宗教法人法に基づく役員が責任役員という、いわば二重の構造になっていることがわかります。

総代か責任役員かの呼称はともあれ、寺を護持する立場にかわりはありません。護はマモルことであり、持はタモツと読みます。

お釈迦さま在世の時代にも、仏法を外から支える多くの協力者がおりました。苦行に病んだ身を、乳糜《にゅうみ》（乳粥）で癒《いや》してくれた村娘も、精舎《しょうじゃ》（寺）を寄進してくれた豪商も、ともに外護《げご》者です。

各宗の祖師方を見てもしかりで、こうした物心両面の支援があったればこそ、仏法が持《たも》たれたといえます。外護する人々も、ますます信心を深めたことでしょう。

あなたの立場が総代・責任役員、呼称はいずれにしても、寺院規制を遵守《じゅんしゅ》しつつ、仏法興隆と檀信徒の和合《わごう》のために尽くして下さい。

（平成十八年三月・記）

第二章

お葬式での疑問に答える

質問① 「枕経《まくらぎょう》」とは何か？

近頃では、「枕経」ということが廃《すた》れたようですが、その意義は何だったのですか。

何ごとにもいえることですが、社会の風潮や生活環境などの変化によって、形や意義も変わったり、廃れたりすることは、往々にしてあるものです。

僧侶にしても、肉食妻帯《にくじきさいたい》が許されない時代がありましたが、今日ではほとんどが、世間一般と同じ暮らしをし、受け容《い》れられています。

ところで、お寿司屋さんに聞いた話ですが、アボカドの握り鮨《ずし》が、特に子どもたちに大受けだとか。その内に、〈アボカドが入らない鮨は、「江戸前」じゃない〉、などということにもなりかねません。これも時代の流れでしょう。

さて、「枕経」の習慣ですが、かなり衰えてはきたと思います。

しかし、まったく廃れたわけではなく、私なども、たまに要請されて出向くことがあります。そこには、亡き人を丁寧《ていねい》に送り出したいという思いが感じ取れます。

その一方、枕経を知っていても、さして重要と思わない人、言葉そのものさえ知らない世代が増えているのも事実です。

自宅での臨終《りんじゅう》が大部分であった時代には、その直後から、床《とこ》の向きを換え北枕《きたまくら》にしたり、枕飾りの道具を設《しつら》えたりしたものです。

やがて僧侶を招き、近親者や、向こう三軒両《さんげんりょう》隣《どなり》といった、日常親しく交際した人々を集め、枕経が営まれました。自宅葬には、通夜《つや》を迎える前に、こうした一連の儀礼が行われたのです。

それが現代では、病院での死がほとんどとなり、遺体は葬儀社の手を経《へ》て、式場の一角にある霊安室に移されるケースが増えています。一端《いったん》、自宅に戻すという例は、極めて少なくなりました。

というのも、通夜・葬儀が同じ式場で営まれるのですから、確かに、移動する手間も省け、手順としてはスムーズです。

故人を、〈なつかしい我が家に連れ帰りたい〉とは思いつつも、いざとなれば、部屋の整理、準備も必要ですし、近所への対応も考慮しなければなりません。

現代人は、何《なん》や彼《か》や、煩《わずら》わしさを避けたがります。そこで、ある種の合理性がはたらきます。〈どうせ、お通夜もすることだし……〉。その点では葬儀社も異体同心で、結果は、「手間隙《てまひま》いらず」に落ち着くようです。（これは嫌《いや》みでなく、私が見聞《けんぶん》した事実です）

僧侶の側《がわ》にも、それはいえます。亡くなる人は、日にちや時間を選べません。しかし枕経は、本来、臨終直後に行われる儀式とされ、知らせを受ければ、早朝でも夜中でも勤めるのです。

幸いに、そうした時間帯は、喪家《そうか》でも遠慮してくれるようにはなりましたが、それにしても想定外のこと。その日の予定を変更するという場面もあります。ドタキャンです。

私自身、〈どうせ、お通夜に行くことだし……〉といった思いが、脳裏を過《よぎ》ることもありました。

しかし、遺族の心情を察すれば、万難《ばんなん》を排しても駆けつけるべきだ、と思い直したものです。

　ことに、日本仏教の考え方からすれば、「死後」とはいえ、それは「臨終」であって、逸速《いちはや》く死の恐れと苦しみを、解いてあげなければならないからなのです。

　また遺族にとっては、何をどう準備し進めたらよいのか、心が定まった状況ではありません。

　つまり枕経には、死者の不安を取り除くとともに、遺族の不安も和らげる二通りの効用が見てとれます。ですから、単なる観念的な儀礼などではなかったのです。

　私がまだ仏教学部生の頃、枕経について聞いた一つの話が、今も思い出されます。

　胃がんで、死期を迎えたある老女が、菩提寺《ぼだいじ》の住職に会いたいと、頻《しき》りに家族にせがむのです。

　家人は〈縁起でもない、バァさんやめてくれ〉と拒《こば》んではみたものの、たっての願い。ついに受け入れて、住職を招きました。

　二人は病床《びょうしょう》で差向《さしむか》い、何やら対話をしていたようですが、それが終わると、住職は短いお経を唱え、何もいわず帰って行った――。

　それからの数日、老人の顔に苦渋《くじゅう》の色はなく、死に顔も安らかそのものだったというのです。

　私は、この話に「懺悔滅罪《さんげめつざい》（生前の罪業《ざいごう》を仏、僧侶に告白し、清らかになること）」を感じました。

　枕経の本来の主旨には、こうした要素もふくまれています。僧侶・仏教徒は改めて、この儀礼の意義を見直すべきでしょう。

（平成二十四年七月・記）

質問②　香典《こうでん》の表書きは「御霊前《ごれいぜん》」「御仏前《ごぶつぜん》」どっち？

通夜《つや》・葬儀の香典は、「御霊前」「御仏前」、どちらの表書きがよいのでしょう。

私がたずさわっている「仏教テレフォン相談」でも、同様の質問を、しばしば耳にしました。

「霊」と「仏」――。亡くなったのは同一人物なのに、どうして二通りの表書きが必要となるのか。その使い分けの仕方に、思案投げ首となるようです。

ましてや結婚式と異なり、期日が差し迫ってのことですから、なおのことでしょう。

どちらでもいいのか、意味内容が違うからいけないのか。日本人は律儀だからか、格式張っているからなのか。

ところが、霊と仏に関していえば、概して日本人は厳密さに欠けているようです。人は神になれないキリスト教とは大違いです。

〈おやじも、とうとう仏になっちまいました〉とはいうものの、〈ついに霊に……〉とはいいません。

仲間内ともなりますと、〈あいつもお陀仏したか〉と、聞きようによっては少々乱暴な言葉がとびだします。この「お陀仏」、一般的には単に死ぬことと解釈されがちですが、本来の意味は「阿弥陀仏を唱えて往生する」ことなのです。

ということで、「仏」も実にアイマイなまま使われます。〈ならば、死んだら仏ともいうから、死ねばお釈迦さまと同格になったと信じられるか〉と問われれば、大方の人はブツッとするしかないでしょう。

　そこで、この分野の研究者は、仏とホトケというように区分けをしています。ホトケといった場合、死者、あるいは死者の霊をいうのです。

　ついでながら、「おシャカになる」は、ダメになるの意味ですが、そもそもは、「お地蔵さまか阿弥陀さまの像を鋳《い》るのを間違えて、お釈迦さまにしてしまった」ことのようです。

　余談に渡りましたが、話を霊と仏にもどしましょう。

　「御霊前」と「御仏前」の違いには、時間的な経過、儀礼的（供養）な推移が深く関わっていると、私は思っています。そこには、仏教の説く「成仏」を見ることができます。

　ある人が亡くなった。その直後の遺族や親族・知人は、個人に対して、特に愛惜と悲嘆の思いにかられることでしょう。あるいは恐怖に近い心理も働くかもしれません。

　肉体的な死は認められても、その人の有した精神性、人格を表わしていたものまで消滅したとは、余程の人以外は思えないはずです。

　そのあたりを霊とか魂と名付けたのだと私流に解釈しています。

　亡くなって間もない通夜や葬儀では、そういう意味でほとんどの人は、死者を「霊の存在」と受けとめてきたのではないでしょうか。

　その霊に対して、儀礼を通して供養を重ねていく。つまり死者の霊を浄化するという行為によって、「成仏」が得られるという考え方です。

　ただ、どこまでが御霊前で、どこからが御仏前

【一般的な香典の表書きの例】

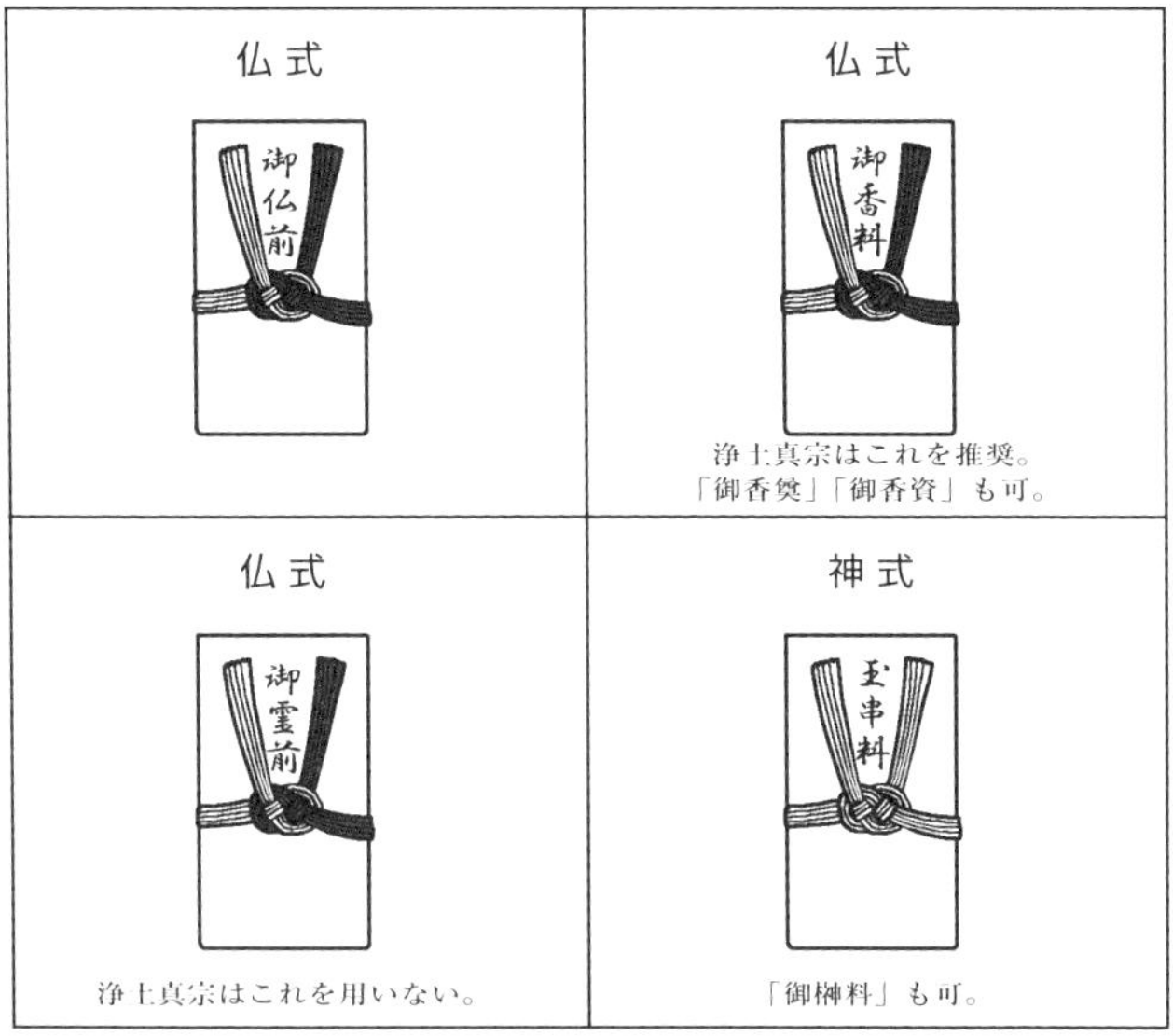

かとなると、なかなか理路整然と、ここまでとか、ここからは、とは言い切れないと思います。

というのも、通夜はともかく、葬儀の日には、戒名・法名を授《さず》かって、禅宗などでは引導を渡していただくのですから、そこからが仏ともとれるのです。

一方、死の直後からある期間までは、鎮魂（死者の魂を慰め、落着かせてしずめる）と、そのための供養の時期とする考え方もあります。

世間的に言い習わされてきた方法は、通夜・葬儀の時は「御霊前」。四十九日忌（七・七日忌、満中陰忌ともいう）からの法要では「御仏前」と書く（初七日忌からの説もある）、というものです。

昨今は文具店に行きますと、そのどちらも用意されていますから、とても便利になりました。昔は一々《いちいち》手書きでしたから。また香典などの書式にも、それなりのしきたりがありました。今でもこだわる人がいます。

その一例は、弔事には薄墨を使えという習慣です。これには、それなりの意味が込められていました。

墨など丹念にすってはいられない。取る物も取り敢《あ》えず駆けつけたという心情の表われでしょうか。または、悲しみの涙で、墨も薄れたという気持ちを物語るという説もあります。

ちなみに、中に入れる紙幣は、新券を使わないのが美徳とされます。ご不幸をあらかじめ予測して準備していたのではないという気配りで、わざわざシワや折り目をつける、細心かつ砕心な心遣いも見られます。

（平成十八年二月・記）

質問③　お悔《くや》みの挨拶《あいさつ》で心掛けるべきこと

通夜《つや》・葬儀での「お悔み」。そのたびに戸惑《とまど》ってしまいます。ツボを教えて下さい。

重たく、もの静かな悲しみの場。そんな雰囲気に呑まれてか、しどろもどろな挨拶しか出来なかった経験は、誰にでもあることです。

〈このたびはどうも……〉、〈いえ、わざわざどうも……〉。万感交交《こもごも》に到るといい、以心伝心ともいいますが、多弁を労せずともこれで通じてしまうから、日本語は何とも微妙です。

一般的には、〈このたびは、誠《まこと》にご愁傷《しゅうしょう》さまです〉が、無理なく通りもよいのか、多く用いられています。たしかに当たり障《さわ》りがありません。

式場の受付で香典を渡す時も、これで済みます。どことなく、結婚披露宴に招かれた時に似ていて、おめでとうと、ご愁傷さまの違いがあるだけで、その場にいる人々の、いわば〝共通語〟。誰が、何が、どうしてなど、誰も問いません。

ただ、遺族と直接対面した時は、〈どうも〉や〈ご愁傷さま〉で留めず、多少は具体的なお悔みを申し上げたいものです。故人との生前の関係や、遺族との交際の中から、簡潔な慰めと、励ましの言葉を添えることが望まれます。

言葉は知らず知らず人柄が滲《にじ》み出るもの。逆に、変に取繕《とりつくろ》ったり、前置きの長い話にならないよう、注意しなければなりません。

本人は大真面目《おおまじめ》なのでしょうが、端《はた》で聞いていると滑稽だったり、遺族は、さぞ迷惑だろうと思われる場面もあります。

その一つが、死に至る経過を、アレコレ問いかけるという行為です。

遺族自らが話したい、と思って話すのなら癒しにもなるでしょうが、〝状況説明〟を強《し》いるようなことは避けたいものです。

同じ思いの弔問客が、後から後から訪れるのですから、お互いが慎むべきで、そうした気遣いも「お悔みの内」、と考えたいものです。

それから、故人の「ありし日を偲ぶ」ようなお悔み。これは聞こえがよいようで、実は困りものです。

その場の遺族は、生前の人となりや、なつかしい思い出に、ひたっている余裕などあるでしょうか。慰めのつもりが、心痛を助長する結果にもなりかねません。

それほどの気持ちがあるならば、後日、電話でもよいし、手紙なり訪問するなり、方法は他にもあるはずです。お悔みは、この日ばかりに限ったものではありません。

最悪だった実例を挙げてみます。

三十二歳の独身青年が、早朝、トラックを運転中、誤って石柱に激突、即死した。残された両親と妹二人は、警察、病院、葬儀社の対応にも追われ、パニック状態。

訃報を聞いた仲間が次から次へ。夜の九時半から十一時が過ぎても、状況説明の繰返しだった。

翌日が通夜。酒がいわせたのか、釣り仲間からは「追悼の釣り大会」が提案されたり、〈彼は海が好きだったから〉と、海への散骨を持ち掛ける者もいた。

言語道断なのは、〈彼の愛用した釣竿を祭壇にかざろう〉といいだす者。こともあろうに〈形見にほしい〉とねだるポンユー（朋友）まで出て、呆れ果てて、ものがいえなかったそうです。

これほど極端な例は、永年、相談業務に携わってきた私ですが、他に類をみません。

こんな話を敢えて持ち出したのは、本人は善意のつもりであっても、相手の心境を逆撫《さかな》でする結果もあるから、過度な点まで踏みこまない。これがお悔みの原則だといいたかったのです。

お悔みを、大きく分けてみると、二通りが考えられます。

その一は、故人そのものに捧げるもの。

その二は、遺族に対するもの。

しかし本質的には、亡き人の霊に手向《たむ》けるものだったようです。何故ならば、それによって霊を慰め、魂を鎮《しず》めるということが、はかられてきたのです。

その意味からすると、遺族にお悔みを述べることは、取りも直さず、故人に対する〝間接的話法〟だといえそうです。

無論、故人とは直接の関わりがなかった人も訪れるわけで、遺族そのものへのお悔みも、当然あります。しかし、見逃してならないのは、これは故人の冥福を祈ることに他ならない、という視点です。つまり、「追善」という、葬送の一つの行為として見るべきなのです。

とかく、言葉がけだけに気を取られる人も多いようですが、供え物や、陰に陽にお手伝いをすることも、実はお悔みの表し方だということを申し添えておきます。

（平成十九年二月・記）

質問④ 弔辞《ちょうじ》で心掛けるべきこと

友人の本葬で、弔辞を頼まれました。どんなことを心掛けたらよいでしょう。

葬儀式の弔辞（弔詞《ちょうじ》）が一般化したのはいつ頃からか。推測ですが、社葬などの団体葬と軌を一にしているように思います。

その「弔辞奉読《ほうどく》」にも、ルールとマナーがあります。しかしこれは、世間的に編《あ》み出されたもの。彼此《かれこれ》と論じづらい点はあります。

遺族から弔辞の依頼を受けたら、余程の事情でもない限り、むやみに断わらないのが礼儀です。これは結婚披露宴《ひろうえん》も同じことで、深い縁を思えばこその、家族の要請ですから。

まずは故人と自分との関わりを、明確にしておきます。一口に「友人」といっても、幼馴染《おさななじみ》もあれば学友もあり、職場の同僚もあります。

立場をはっきりすると、弔辞のポイントを、絞《しぼ》り込むことができます。他の人の弔辞と重なったとしても、そこはそれ、「差別化」がはかれるというもの。

その構想に基づいて、文案づくりに着手します。弔辞ともなると、文章がガチガチになったり、美《び》辞麗句《じれいく》のオンパレードに終始しがちです。

なぜなら、心はすでに、斎場《さいじょう》の厳粛な雰囲気と周囲の眼を想定していて、それに飲み込まれているからです。

そこで、「消去法《しょうきょほう》」をお勧めします。過度な硬さや難解な表現、きれい事づくめの部分はカットし、力みのない文章にします。いうまでもなく、「奉読する文章」であることはお忘れなく。

葬儀は「愛別離苦《あいべつりく》（愛する者と別離《わかれ》る苦しみ＝四苦《しく》八苦《はっく》の一つ）」の悲嘆を分かち合う場でもあります。かといって、「薬も過ぎれば毒となる」、「分別《ふんべつ》過ぐれば愚《ぐ》に返る」。感情を煽《あお》るような、大袈裟《おおげさ》な表現は慎《つつし》むべきです。死者への誉《ほ》め殺しもいただけません。

弔辞は、不帰《ふき》の旅に出る故人への餞《はなむけ》の言葉で、その人柄を偲《しの》び、行跡をたたえつつ、冥福を祈るものです。それに加えて、残される遺族の胸中を察し、慰め励ます内容であることが肝要です。

そこで、この部分については、時間の許す範囲で、遺族の家族状況や精神的な状況も、それとなく知っておくことも必要です。しかし、刑事に似た根掘り葉掘りの「聞き込み」は、気の毒であり迷惑です。穏便《おんびん》な配慮は欠かせません。

故人の人となり、思い出を辿《たど》ると、尽きることがありません。とはいえ、場所柄からして、時間の制約があります。三分ぐらいを目処《めど》とするのが望ましいと思います。

弔辞は、いうまでもなく「冠婚葬祭」の「葬祭」。それも「葬」の場面ですから、言葉に勢いがあり過ぎては、雰囲気に適しません。哀悼《あいとう》の意を表する、その心境になって奉読することです。

さてその奉読の仕方ですが、司会者の指名・紹介を受けて、祭壇前に進みます。導師、遺族の順に合掌ないし一礼して、位牌《いはい》・遺影《いえい》を仰《あお》ぎ見て深々と一礼します。

次に上包みを開き、清書した弔辞を広げ、胸の高さに捧げて、おもむろに読みあげます。奉書によっては、巻き上げながら読むこともあります。

読み終えた後は、弔辞を折り戻し（あるいは巻き戻し）、上包みにおさめて、卓上か祭壇にお供《そな》えします。合掌・一礼は前の通りに行います。

概略は以上ですが、この他にも、挙げてみれば細々《こまごま》とした制約が、ない訳ではありません。

結婚式のスピーチなどでは、「去る」、「切れる」、「帰る」などは避けるべき言葉とされます。「裂ける」も避ける。これを忌詞《いみことば》といいます。不吉な意味や連想を生じさせるので、昔は厳しく誡《いまし》めたものです。

葬儀では、重ね言葉も敬遠されます。「重ねがさね（重々）」「たびたび」などです。吟味《ぎんみ》しておく必要はあるでしょう。

つい最近、亡くなられた方の、お孫さんの弔辞に接し、感動をおぼえました。向日葵《ひまわり》と紫陽花《あじさい》の好きなこのお孫さんは、「がんばって大きくなり、いつも輝いている」向日葵と、「よく見ると同じ花の仲間が助け合って、一つの輪となっている」紫陽花を祖父に喩《たと》えて、

「おじいちゃんのようにかがやいていて、やさしくて、がんばりやさんになりたいな。ひまわりをこすぐらいすごく、だれにとってもいてほしい大切な人だよ。天国でもきっと幸せ♡になれるよ。（家族全員の名を挙げて）ずーと見守っていてね。ぜったいわすれないでください」

こういう素直な素朴な語りかけが、実は万人の胸をうちます。弔辞の基本を教えられた思いです。

（平成二十年六月・記）

質問⑤ 「清《きよ》め塩《じお》」の由来《ゆらい》

葬儀の折り、お礼状の袋の中に「清め塩」が入っていますが、どんな謂《いわ》れからですか。

清（浄）めるとは、いうまでもなく汚《けが》（穢）れを除くことで、邪悪なものを神聖にする、あるいは清潔な状態に復すことです。

その清めに用いられたものは、もともとは塩ではなく、水でした。

キリスト教には「洗礼」という儀式があります。イエスによって命じられた洗礼は、聖霊の力によって、罪の許しと永遠の命を得させるというものでした。

また日本の神道には「禊《みそぎ》」があります。罪や汚れがある時、または神事の前には、川や海の水につかって身体を洗い清めるのです。『記紀』によれば、イザナギノミコトが黄泉《よみ》（死者が住む）の国から帰った時、橘《たちばな》の小戸《おど》の檍原《あはぎはら》の流れで行った。これが禊の始まりだとされています。

仏教はどうかといいますと、「斎戒沐浴《さいかいもくよく》」というように、身心を清浄にし、慎《つつし》むことを念じて水浴することが許されています。

かなり以前に学んだことで、経典の名も忘れましたが、釈尊の言葉として、「死骸に触るものは、その着衣を洗い、直接には触れない人であっても手足を洗え」と、説かれているそうです。

こうして見ると、清めるという行為は、「水に浸《ひた》る」ことにあったようです。キリスト教や仏教では、いつの頃からかそれが頭頂に聖水・香水をそそぐという形式に変化しました。仏教では、灑《しゃ》水《すい》（洒水とも書く）という法要作法になっています。

ところでこの灑水は、葬儀の中でも行われます。いうまでもなく、死者を清めるというものです。

宗教的な清めについて、長々と水に終始してしまいました。どうぞ水に流してください。

そろそろ塩の話題に入るべき潮時ですが、本来の清めは、塩でなく水であった、ということです。

つまり、古来から清めに用いられたものの中には、火や酒も挙げられますが、水こそが何よりの浄化作用だったのです。そして、その効力がより勝れているものは、海水でした。

『葬と供養』（五来重・著、東方出版）に、次のような引用文があります。

「念仏といふ鉦《かね》を叩く者が、七サイヌ花を汲んで来て死人の顔面を清める。七サイヌ花とは七度打ち寄せてくるサイ（浪）の花、つまり潮水の事で、不浄を清める唯一の神水だと深く信じられてゐて、これで身体、家屋、屋敷等を清めたら、如何なる悪魔も払い除けられると信じられていた」（九五〇頁）

塩を「浪の花」という謂《いわ》れも、これによってわかります。

また『信仰の原点（仏教編）』（井出勇・編著、史学館）によれば、「昔は世界の諸国でも塩は清浄、悪霊の浄化のシンボルと考えられ、神聖視された。ドイツでは塩を衣服の中に隠していると悪意から保護され、一般に魔よけになると信じられていた」とされ、さらに力士が土俵で塩をまく行為。吉野、熊野の山村では子どもが生まれると、一家の者が海水を汲んでくるなどの例を述べています。（同書

五五一頁)

水よりも、海水に効験《こうげん》の灼《あらたか》さを感じていた人々は、それに代わるものとして、便宜上、塩を用いた。そして「清め塩」は、葬儀ばかりでなく、広く生活万般に関わっていたことが理解できます。

それからすると、力士がまく塩は土俵ばかりでなく、相撲協会、そのものにも向けられるべきです。また罪を犯したとされる政治家も、検察官も、もしそうだとするならば、微温湯《ぬるまゆ》の禊だけではすまされません。冬の日本海の、「七サイヌ花」に身を打たせたらどうでしょうか。

それはそれとして、「清め塩」そのものも、随分と様変わりしています。

私たちの幼少時代、といえば五十年以上も昔ですが、今のような小袋などはありませんでした。

私の記憶にあるのは、父親の姿です。どこから帰ってきて、玄関口で母親を呼んでいます。自分の家なのだから、黙って入ってくればよさそうなものを、ずっと戸口に立っているのです。子ども心にも訝《いぶか》しく思ったものです。

すると母親が塩の入った小鉢を持って、父親の身体に何度か振りかけるのです。声こそ発しませんが、節分の豆まきのようでした。父親はヤレヤレといったように家に入ります。

今は、そんな光景などは見られないでしょう。小袋の塩を、「枝豆一人分」などという冗談が、昨今では聞かれます。

仏教的には、死はケガレではありませんから、それもよいでしょう。ただし、人の死に接して、無常の理に目覚める心の清めは、持ち続けたいものです。


(平成二十二年十月・記)

質問⑥ 葬儀での「生花《せいか》」について

葬儀では、たくさんの生花が飾られ、棺《ひつぎ》にも入れます。仏教的意味はあるのですか。

仏教と花（華）とは、深いつながりを持っています。よく知られたお経の中にも、『華厳経《けごんきょう》（大《だい》方広仏《ほうこうぶつ》華厳経）』や、『法華経《ほけきょう》（妙法蓮華経《みょうほうれんげきょう》）』などがあります。

釈尊にまつわる伝記の中にも、花は処々《ところどころ》に、象徴的に取り上げられています。まず、お誕生を祝う降誕会《ごうたんえ》（花まつり）には、花御堂《はなみどう》を飾ります。その出生は、母・マーヤー夫人がルンビニーの園で、無憂樹《むうじゅ》の花の美しさに、手を差し伸べた時とされます。そして成道《じょうどう》（お悟りを開く）された時、諸天《しょてん》（神々）は、純白な曼珠沙華《まんじゅしゃげ》を降りそそいだといいます。十二月十五日は釈尊入滅《にゅうめつ》の日。つまり亡くなられた日として、涅槃会《ねはんえ》の行事が各宗のお寺で行われます。この御最期《ごさいご》の場所はクシナーラの沙羅樹《さらじゅ》園で、季節外れの花が咲き、木々は枯れるにまかせるほど、花びらを散らしたと伝えられています。

さらに、仏教の教えと密接に関わる代表的な花といえば、蓮華《れんげ》です。「泥中《でいちゅう》の蓮《はす》」とは、汚泥《おでい》にあっても、浄《きよ》らかで麗《うるわ》しい花を咲かせる蓮のハタラキ、風情《ふぜい》を、私たちの生きる姿勢に見立てた譬《たと》えです。また蓮華台《だい》（うてな）といえば、仏・菩薩や、極楽《ごくらく》へ赴《おもむ》いた人の位置を示しています。

仏典には、その他にも、釈尊と花について、いくつかのことがらが述べられています。

その第一は、偉大なる聖者に対して敬虔《けいけん》な思いを抱いた人々が、その心の発露《はつろ》を、花に託《たく》したという点です。第二は、その行為によって、「善根福種《ぜんごんふくしゅ》（よい報《むく》いを受けるもととなること）」が得られると信じられたからです。そして第三は、釈尊の教えに従う者が、花を捧《ささ》げることによって、穏《おだ》やかで優しい心境が開かれていくということ。

花を供養《くよう》することは、忍辱波羅蜜《にんにくはらみつ》（恥辱《ちじょく》や迫害に耐え、心を平安にする修行）に通じていくと説かれています。たしかに美しく、香りよい花に接すれば、柔和《にゅうわ》な気持ちにさせられるでしょう。

そういえば、咲（咲）くという文字は、もとは「口」と「芺」によるもので、芺は後に关に変形したといいます。ですから、咲くとは、花が開くことであり、笑うという意味もあるのです。

さて、葬儀と花の関わりに触れる前に、もう一つ付け加えておきたいのは、寺の堂塔《どうとう》の落成《らくせい》や、仏像の開眼《かいげん》などで営まれる「散華《さんげ》」についてです。僧侶が行列をつくり、節《ふし》のあるお経（声明《しょうみょう》）を唱和しながら、花びら（蓮華を模《も》した紙の花びら）を、周囲にまきながら歩みます。

これは仏徳《ぶっとく》を讃《たた》え、その加護を祈る法要です。

以上述べましたことを念頭に、葬儀と花の関係を考えてみたらと思うのです。

仏教では、本来は釈尊に対してでしたが、やがて多くの仏・菩薩が説かれ、また死者に対しても、物を供《そな》えて回向《えこう》することになります。つまり一般化するわけですが、特に生花や花輪《はなわ》を飾るという習慣は、慶弔《けいちょう》いずれにも影響をもたらしています。仏教という枠内《わくない》に限ってもいません。パチンコ店の新装開店にもそれは見られます。

葬儀の光景。たくさんの生花や花輪が供養として飾られている。

しかし仏教的には、どこまでも供養ということで一貫しています。葬儀に用いる生花を「供《く》花《げ》（華）」といっております。これは「五種供養（塗香《ずこう》・華・焼香《しょうこう》・飲食《おんじき》・灯明《とうみょう》）」の一つです。

五種供養とは別に、「三種供養」もあります。利《り》供養、敬《きょう》供養、行《ぎょう》供養で、このうち利供養は、香・華・飲食など、捧げる物が対象です。

釈尊を尊崇する心の証《あか》しとして、花を献《けん》ずる。それに似た情が、葬儀においては、親愛なる亡き人への餞《はなむけ》に転じたのではないかと思います。

そして、その生花をむしって棺に入れる行為は、さながら涅槃に赴く釈尊を惜しみ、降りそそぐ、沙羅双樹《さらそうじゅ》の花びらに思えてなりません。

西行法師《さいぎょうほうし》に、

「ねがはくは花のしたにて春死なむそのきさらぎの望月《もちづき》のころ」

の一首があります。桜をこよなく愛した西行は、陰暦《いんれき》二月十六日に亡くなりました。花こそ違え、二月十五日は釈尊の涅槃会。それをイメージし、念じていた歌と、解釈されます。

葬儀の花にしても、仏教的には、こうした釈尊にまつわる故事《こじ》に由来していたのです。

（平成二十四年十二月・記）

質問⑦ 祭《さい》壇《だん》の「一《いち》膳《ぜん》飯《めし》」「枕《まくら》団《だん》子《ご》」の意味は？

祭壇への一膳飯・枕団子の習慣は今も変わりません。どんな意味で供《そな》えるのでしょう。

葬儀の形も内容も、ずいぶん変わりました。遺影にしても、改まった服装などは、ほとんど見受けられなくなりました。

祭壇から花飾り、のみならず全般的に変化していますが、故人が大のパン好き、スパゲッティ好きだったと聞いてはいても、それが一膳飯・枕団子代わりに、祭壇に上がっていたのを目にしたことがありません。

これから先のことはわかりませんが、今のところ、一膳飯・枕団子は、通夜《つや》・葬儀に欠かせないシンボル的な供物《くもつ》のようです。

一膳飯は、一盛《ひともり》飯・一杯《いっぱい》飯とも呼ばれます。また枕飯ともいいます。この場合の枕とは、臨終《りんじゅう》や通夜を意味し、枕団子も同様です。枕経《まくらぎょう》（遺体を納棺《のうかん》する前に、枕もとで行う読経）という供養《くよう》もあります。

一膳飯は、ご飯を山のように高く盛り、その頂点に箸《はし》を立てます。ですから普段の食事では、死という不吉の印として、これを忌《い》み嫌うのです。

ご飯に限らず、供物はうず高く盛ります。これを「天こ盛り」ともいいました。ダイエット時代の今日では、なつかしい言葉の響きです。

茶碗《ちゃわん》や箸は、故人が、生前愛用していた物を使いました。この一膳飯は直接、仏教と関わるものではありませんが、それなりの宗教性を孕《はら》んだ風習でした。

考えられることの第一は、死者の霊を呼び戻したい思い、哀惜《あいせき》の情から生じた行為で、一種の「魂呼《たまよ》ばい」であるということ。

第二は、魂呼ばいではあるが、死者の霊は新《あら》霊《みたま》であると同時に、荒魂《あらみたま》とも危ぶまれていました。そこで米にあるとされる呪力（超自然的な不思議な力）を借りて、一膳飯に封じようとするもの。

第三は、突き立てた箸は、依代《よりしろ》（本来は神霊がよりつくもの。ここでは死者の霊が留《とど》まる）と見做《みな》されている点です。

これらには、蘇生《そせい》（生き返る）と鎮魂《ちんこん》（死者の霊をしずめる）の観念が見られます。

さらに、成仏の思想にも通じます。その一つは、死者は息が絶《た》えると善光寺参りをするという、俗信によるものです。一膳飯はその道中の弁当で、その背景には、阿弥陀如来との仏縁が関わっているのでしょう。

二つ目は、お浄土に至る遥《はる》かな道程《みちのり》が案じられ、故人が力を養って無事に旅路《たびじ》を全うするように、という願いです。なるほど、お代《かわ》りはできませんから……。

枕団子も、同じような意味を持つものですが、こちらは仏伝《ぶつでん》の中にも登場します。入滅《にゅうめつ》（釈尊の死＝涅槃《ねはん》に入るともいう）近い釈尊に、無辺菩薩《むへんぼさつ》が香《こう》飯（清浄な飯。仏前に供える飯）を勧《すす》めますが、召し上がりませんでした。そこで死後、急いで枕団子を供えたことに由来するといわれます。

枕団子は上糝粉《じょうしんこ》（上新粉）を用います。これは粳米《うるちまい》（炊《た》いた時に糯米《もちごめ》のようなねばり気が出ない米）を水洗いしてから乾かし、さらに細粉《さいふん》したものです。

これを水で練《ね》り上げ、蒸《む》すか煮るかするのです。ご飯に比べ、ノドの通りもよく、消化にも適していますから、さぞや、衰弱した釈尊に供したかったことでしょう。

ところが風習には、生のままということもあるようです。それは、生きている者と死者との間に、一線を画していることを暗示している、と受けとめられます。

団子の数は、一般的には六個。なぜかといえば、衆生《しゅじょう》が善悪の業《ごう》によって赴《おもむ》く六道《ろくどう》（地獄・餓鬼《がき》・畜《ちく》生《しょう》・修羅《しゅら》・人間・天上）に供養するという考え方に基《もと》づいています。

ところが七個とする地域もあると聞き、私は首を傾《かし》げたものです。何と七個目は、極楽世界の分でした。

四十九個の場合もあります。中陰《ちゅういん》（中有《ちゅうう》＝死んでから四十九日忌《き》の間）に重ね合わせた数です。

また六個の周囲を、平たい、花びら状で囲った形を見たことがあります。これは蓮華をあらわしています。地域性、人の思いはさまざまです。

仏教では「三福田《さんふくでん》」を説きます。三種の福の種《たね》を植える田とは、徳を実《み》のらす心のたとえです。敬田《きょうでん》は三宝《さんぼう》供養。恩田《おんでん》は父母・師長への供養。悲田《ひでん》は貧苦《ひんく》の人に対する供養です。

とすると、通夜・葬儀に供える一膳飯・枕団子は供える人の心、恩田・悲田といえるでしょう。

良寛和尚《りょうかんおしょう》の晩年を共にし、追慕《ついぼ》した貞心尼《ていしんに》の一首《いっしゅ》があります。

「あはれみて受けさせ玉《たま》へ跡《あと》しとう　心ばかりの今日の手向《たむけ》を」

（平成二十五年二月・記）

僧侶が行う「引導《いんどう》」の意味は？

葬儀の途中、僧侶が立ち上がってカーッと大声を出す。あの意味は何ですか？

たしかにシーンと静まりかえった雰囲気の中では、驚かれる人もいるでしょうし、〃経験済み〃の人は、〈そろそろ来るぞ〉と、かまえているかもしれません。

一喝《いっかつ》に黙る人あり泣く児おり　（永城）

雑談している人もシンとします。しかし、何もビックリさせるためではありません。葬儀の後、〈お陰で眠気がとれました〉と妙な感謝をされ、とまどったことがありました。

喝一声《かついっせい》亡者生者が目を覚ます　（永城）

といっても、亡くなった人まで肉眼を開くわけではありません。一般的に「引導《いんどう》をわたす」というと、さとすこと、あるいは強《し》いて承諾させることのように解釈されます。けれども、本来の意味は、「転迷開悟《てんめいかいご》（迷いを転じて悟りを開く）」させるということなのです。

仏教は、生者も死者も、仏の教えを体して、自らが仏となりましょうという、そうした意味での「目覚めの宗教」なのです。

ですから、カーッという一語だけが、「引導」なのではありません。人を正しく仏道に入らせる方法の一つとして、「法語」があります。そこで

「引導法語」というのです。

祖師・高僧の説かれた言語や文章なども「法語」ですが、やはりその淵源は、釈尊に至ります。

釈尊は、お生まれになって七日目に母・マーヤ夫人を亡くし、その後は叔母に当たるマハーパジャパティ夫人（大愛道比丘尼《びくに》）に養育されたといわれます。

この養母が亡くなった時に、梅檀《せんだん》（白檀）の木を遺体に添えて、無常と安楽を説き示す語をとなえられたと伝えられています。

「引導法語」をとなえる時に、導師が松明《たいまつ》（現在は紙製か線香、あるいは藁《わら》の小さな束《たば》）を持って、円をえがく場面を見たことはありませんか。禅宗ではこれを「秉炬《ひんこ》」といっておりますが、もともとは茶毘《だび》の時に行われました。

この始まりは、釈尊が亡くなられ、茶毘にふす折りに、後継者である摩訶迦葉尊者《まかかしょうそんじゃ》が炬火《こか》（松明の火）を点じたことに由来するそうです。

これが今日まで伝承され、〈涅槃への道を照らす〉、あるいは〈智慧の火をもって煩悩の闇を払う〉、といった意味を持つようになりました。

こうして、秉炬・引導法語が仏式の葬儀に定着したのですが、宗派によって作法・内容も異なり、また浄土真宗では引導を行いません。

話を初めのカーッにもどしましょう。このカーッは、禅宗独特のものだけに、〈坐禅は厳しいんでしょうね。あの坐っている時に、後ろからカーッと棒でたたかれるのは痛いでしょうね〉と、興味津々といった面持ちで聞かれることもありました。

しかし棒ではなく警策《きょうさく》といって、先端は平たく出来ていますし、カーッなどといって打つこともありませんが、印象的には、よほどインパクトが強いもののようです。

それに、必ずしもカーッ（喝）ばかりではないのです。〝露（ローッ）〟もあり、〝咄（トッ）〟もあり、〝咦（イィー）〟もあります。

露は、右往左往することがない明白さ。つまり。〈この通り、仏の教えは明らかだ〉ということ。

喝は、修行者を叱咤激励する意味で発する語です。死者をまっしぐらに仏の世界に旅立たせること。あるいは、迷いの渕を飛びこえさせることに通じます。

咄も同じような意味で発します。あえて違いを挙げるとすれば、喝は〈がんばれ！〉で、咄は〈何をしている！〉ぐらいの相違でしょう。なぜなら咄とは、舌打ちする音と訳されるからです。

咦は本来、笑うかたちをあらわした語だといわれます。〈それじゃ葬式の時に笑えるのは誰だ？〉などと、皮肉は無しにいたしましょう。

「哭《こく》」の字がそれを物語ってくれます。口《くち》が横に二つ、そして犬。別離は苦しくかなしい、「激しく泣き叫ぶ」。その動転した心を、平静に保つと解釈したらどうでしょう。

つまり、仏の教え（法語）は言葉では語り尽くせない。また故人の生前の営み、人徳も表現しきれない。その言葉の限界を越えたところから発せられた、〝心語〟なのです。

ですから、大声を出せばよいというものでもありません。〈気合いが入っていてよかった〉などと変な誉め方は禁物です。

（平成十七年一月・記）

質問⑨ お骨《こつ》揚《あ》げでの「箸《はし》渡《わた》し」「喉《のど》仏《ほとけ》」について

お骨揚げの際、二人でする「箸渡し」と、「喉仏」の意味を教えて下さい。

遺骨を拾い容器に納める儀礼も、地域差があるようです。

私自身の体験ですが、秋田県に葬儀に出向いた折り、まず頭骨以外のお骨は、一人一人、つぼに納めました。火力によるものか頭骨は、形をとどめ、それを喪主が両の手で、鄭重につぼに移したのです。確か秋田市内の火葬場だったと思います。

関西地方では骨つぼも小さい。おそらくは頭骨や〝喉仏〟が中心なのでしょう。これらは宗派に関係があるのではなく、地域性がもたらした風習ですから、僧侶であっても戸惑うことがあります。

ちなみに、私の葬儀への出仕は埼玉・東京・茨城がほとんど。ここでは二人一組になっての「箸渡し」で、全てのお骨、遺灰までも納めます。

その箸渡しですが、これも聞くところによれば様々だったようです。用いる箸は木と竹で一対。これで一人ずつ遺骨の一片を納めます。次に受け取った人が他の人へと順送りして、最後の人がつぼに納め終了するというものです。つかみづらさが想像されますが、それだけに、自ずから心入れが求められることにもなるでしょう。

「木に竹を接《つ》ぐ」という成句があります。結局、性質の異なったものは接ぎ合わせることはできません。つまり死は、まことに不条理な出来事です。だから木と竹の箸で「非日常」を演出したのでしょう。

葬儀における他の風習に照らし合わせてみても、日常生活とは異質な行為が多々散見されます。もう一例を挙げれば、男は左手、女は右手に箸をもって、ともにお骨を挟む方法もあったようです。

こうした古来の風習には、日常生活（生）から死者を絶縁しようとする観念が、見え隠れしています。ですから不揃《ふぞろ》いな箸を使うことや、箸と箸で食べ物を摘《つま》むことは、タブー視されました。

けれども一方では、箸渡しを「橋渡し」と地口《じくち》（語呂合せ）させ、死者をあの世へ恙無《つつがな》く送ろうとする、いたわり深い心情も察せられます。

ところで収骨の際、もっとも大事に扱われるのは、頭骨よりも〝喉仏〟です。ご覧になった方もおられるでしょうが、脚を組み、掌は合掌しているような坐仏の姿です。

これは、実は成人した男性の喉元に突き出た「甲状軟骨」ではなく、首の上から二番目、第二頸骨《けいこつ》といわれるものです。この喉仏が整った形で出てくると、〈後生がよい〉などと信じる向きもありますが、

出具合で後生がきまる喉仏　（永城）

そんなことは迷信です。「後生大事」とは、「後生の安楽を願えばこそ、生前、一所懸命に修行する」ことなのですから――。

火葬場に出向くたびに、いつもながら、後味の悪い思いにかられることがあります。それは職員による「お骨談義」。

「どうぞ皆さん、こちらへ、もう少し前の方に。よろしいですか、これがアゴの骨。（と

いって竹箸の先で示しながら）下アゴのこっちが右でこっちが左。これは側頭部で、穴があいているでしょ、これ耳の穴（といって箸の先を耳かきのように回す）。だいぶ変色していますね。（といって頭蓋骨の裏側を手に取って見せ）この赤や緑は抗生物質のせいだな。この茶が沁みているのは出血のあとでしょう」

これに釣られるように、質問する人があったりします。〈これは何？〉、すると得たりとばかり談義が続きます。

泣き顔で化学に興ず骨収め　（永城）

遺族の中にも、時としてこういう人がいたりして、最悪です。

これは一斎場だけの話ではありません。いつ頃からか、私の知る限り、ほとんどの斎場で行われていることなのです。これぞサービス、だといわんばかりの、得意満面さには辟易《へきえき》します。

しかし僧侶といえども、あの場面では、なかなか〈やめなさい〉とはいいがたいものがあります。雰囲気が白けることをためらう自分に、不甲斐なさと憤りは感じていても、タイミング的になかなか切り出せません。

そこで普段の法話や雑談の中で、あるいは遺族や職員には、〈標本のように扱う不謹慎さを避けるよう〉、事前に伝えるようにしています。

棺に収まった故人の死顔を写真に撮る人も稀にいます。亡き人自身が認めようもない姿を写すことは、大いに慎しむべきです。〈自分だったら〉と自問し、故人の声なき声に、耳を傾けようではありませんか。

（平成十六年十二月・記）

質問⑩　年《ねん》賀《が》欠《けつ》礼《れい》の葉書の「服《ふく》喪《も》」とは何か？

父が亡くなり、年賀欠礼の葉書を出すのですが、「服喪」とは何ですか。

十二月は、例年のことながらこの種の相談が増えます。関心の的は年賀状。その質問内容の多くは、親族の続柄による「服喪」の期間と深く関わっております。

そもそも「年賀欠礼」とは、正月を祝う全ての行事、他家を訪ねることも差し控えるということでした。行楽も無論です。ところがいつしか、年賀状にこだわるという風潮が醸《かも》し出されるようになりました。

そこで、この年賀状を出すという慣習は、いつ頃からか調べてみますと、明治十二（一八七九）年頃に始まったようです。これが普及の一途をたどり、昨今、民営化が取り沙汰されている郵政の業務煩雑が起因して、明治三十九（一九〇六）年、特別扱いとなったといいます。

今では交際範囲の多寡《たか》にもよりますが、

一泊の宿十年も年賀状　（松沢鶴水）

元旦に会う人に出す年賀状　（近江砂人）

と川柳にもうたわれ、あるいはチラシまがいも横行するなど、すさまじい〝盛況〟さです。

このように、すっかり社会に定着していますから、身内に不幸（死）があれば、出さないではなく、早目に欠礼を知らせるのが、もはや〝定説〟

です。

誰彼無しに〈めでたいめでたい〉が舞い込んできては、余り気味のよいものではありませんし、

賀状書き終えたところへ喪の知らせ（酒井唯一）

というタイミングのまずさも、ままあるものです。

特に訃報を伝えなかった人へも、然《さ》り気なくお詫びの思いも込められます。年賀欠礼の葉書は、その点の効用もあります。

さて「服喪」ですが、まず言葉の意味を整理してみたいと思います。

服とは、喪服や喪衣《もぎぬ》のことで、飾り気がなく質素で、鈍色《にぶいろ》（おおむね薄墨や鼠色）を用いました。今では黒に取って代られましたが、憂いと悲しみを表わすものでした。

喪とは、死亡した人への「耐えがたき思慕の情」とでもいいましょうか。それが死の重さを示す意味になったのです。

この服・喪に深く関わる語があります。「忌《き》」です。忌は「いむ」とも読み、けがれを避けて身を浄め、慎《つつし》むことです。「忌服」ともいって、「家族や親族の者が死亡した時に、その血縁関係の親疎によって、一定期間を喪家に引きこもり、言行を慎んで、悲しみの心情をあらわす」のです。

それではその期間中は、主にどんな慎み方をしたのか。これが難題です。何だい？　などといっていられません。

誕生・成人・結婚式その他、各種の祝祭事に参加、主催することができません。酒や肉類、歌舞音曲などもってのほか。個人や一家の範囲では済まない、一族にも及ぶ厳しい慣わしでした。

その背景には、死をケガレと見る、ある種の宗

教的観念がはたらいておりました。

日本では古く天武天皇七年の詔勅に、「重服《じゅうぶく》（父母の喪）」という言葉が記されているといわれます。西暦六七八年のことです。「重」があれば当然「軽」もあるわけで、「軽服《きょうぶく》」という制度は、父母以外の死に当てはまります。

これらが詳しく定められたのが、『大宝令』（『大宝律令』の令の巻）の「服喪」で、やがて江戸時代に増補され、さらに明治政府によって、一八七四年、「太政官布告」として発布されたのです。

忌・服については、この明治七年に制度化されたものが基となっています。たとえば実父母の場合、忌は五十日、服は十三ヵ月（閏月は数えない）。夫の死亡では、忌が三十日、服は実父母と同じ。妻は二十日、九十日といった具合です。

服喪・忌服期間の差は、喪における忌中が最も重用視されたからでしょう。仏教では忌明けが四十九日、神道では五十日祭（清祓＝けがれを祓う）とほぼ共通しています。

勿論、この制度自体は因習として、すでに廃止されておりますが、年賀はもとより地域の祭礼・結婚となると、今でも、とまどいやこだわりは解消されておりません。私はこれを、「ゆるやかな決まり」と受けとめるべきだと思っています。

なぜならば、亡き人に対する慎みと哀悼の念は、人間として失ってはならないものだからです。だからといって、歳月や制度で縛るべきではありません。仏教的にいうならば、供養に専念することを主にし、雑事に気をうばわれることを忌む（嫌う）、という考え方になります。

（平成十六年十月・記）

質問⑪ 「直葬《ちょくそう》」とは何か？

最近、「直葬」ということをよく耳にします。煩《わずら》わしくない葬儀だと思いますが。

はじめにお断りしておきますが、葬儀とは「葬《そう》送《そう》儀《ぎ》礼《れい》」を略した言葉で、本来は亡くなってから埋葬（納骨《のうこつ》）するまでの儀式・儀礼を意味します。「直葬」とは、それをしないで、遺体を直接、火葬にすることです。

聞くところによりますと、東京都内では昨今、五人に一人以上が、この直葬を希望するとか。また最近では、お通夜《つや》は省略して、葬儀だけを執《と》り行う傾向もあるようです。

それ以前、十五年前あたりから「家族葬」「自由葬」といった葬儀も出はじめました。直葬も、これらの流れから生じたものなのでしょう。

一口に直葬といっても、その内容はさまざまです。とりあえず火葬だけして、後日、故郷にもどって葬儀をする場合もあります。

また、天涯孤独で身寄りもなく、やむなくそうするケースもあるでしょう。私の相談者の中にも、この直葬を希望して訪れた人がいます。

ご自身には血縁関係の人も子もなく、先立たれたご主人の、兄弟二人とは疎遠《そえん》な間柄。病弱でもあることから、死後のことも自分だけで決めなくてはならない、といった悩みの相談です。

「死んだら直葬にしてもらい、お骨だけは寺で預かってほしい」。これが話の主旨でした。

この方の場合は、自分の身辺の事情に照らし、直葬しかないと結論づけたのですが、社会的背景はまだまだあります。

あなたが指摘された、「煩わしくない」ことも、その一つでしょう。金品に関わること、精神的な面。そうした物と心の煩わしさを払拭《ふっしょく》したいという意識は、現代人には、かなり強いものがあると思います。

なぜ葬儀を避け、直葬にするのか。金品についていえば、お布施《ふせ》の問題や葬儀代・返礼品などが挙げられるでしょう。

精神面から見ると、地域社会との関わり、あるいは親戚《しんせき》関係。こうした人間相互の絆《きずな》というものが、疎《うと》んじられる時代です。

テレビと向き合う、メールでやりとりする。人に聞かなくても、インターネットで知ることができる。生活様式も、人の手を借りない方法が進み、なるほど、便利さはもたらされました。

しかしその分、「人間不在」が生じたのも事実で、無意識の内に、それに慣らされてしまいました。

そうした目で見ると、儀礼とか人間関係は、至極、煩わしくなってくるものです。葬儀にしても、儀礼と対人関係が重要視されてきましたから、個人化した今の社会には、受け入れづらいものがあるのでしょう。

冠婚葬祭《かんこんそうさい》といえば、冠＝元服《げんぷく》、婚＝婚礼、葬＝葬儀、祭＝祖先の祭祀《さいし》で、古くから「四大礼式」として尊ばれてきました。

これに誕生を加えて「通過儀礼（人の一生に経験する誕生・成年・結婚・死亡などの儀礼習俗）」といいますが、ともかく「儀礼」が重んじられない時代です。

マスコミなどで、今や直葬がさかんに取り上げられますが、それ以前には、「葬儀の密葬化《みっそうか》」が賑わせました。

密葬の意味を、本葬と関わりなく、誰にも知らせず〝密《ひそ》かに〟、家族だけでやる葬儀だと、勘違いしている人が多かったのです。

ですから今時、「婚礼」などといってもピンとこない人は多いのではないでしょうか。何せ家族も同伴しない、「密婚」の時代ですから……。

儀礼に要する金品の問題。これはこれで工夫を凝《こ》らす必要があるでしょう。と同時に精神面、意義というものにも、改めて目を向けるべきではないかと思うのです。

たとえば仏教の通夜は、遺族・親戚・知人が終夜、遺体を囲んで亡き人の霊を守り慰め、別れを惜しむものです。故人が、この世を旅立っていく前夜――。生きている時と同じように、そして死後のいのちの安穏《あんのん》を祈るのです。

葬儀も然《しか》りで、例えば、曹洞宗の葬儀法では、三世《さんぜ》(過去・現在・未来)の諸仏を念じ供養《くよう》し、その功徳《くどく》によって、亡き人も成仏するのです。「報地を荘厳《しょうごん》せんことを」と回向《えこう》します。報地とは、仏の世界、浄土の意味です。

亡き人のいのち、霊の行方を案じて、葬送の儀礼は形づくられました。それは、必ず私たちのいのちに跳《は》ね返ってきます。〈ハイ(灰)、サヨナラ〉では、情けなくはありませんか。

(平成二十一年十二月・記)

質問⑫　ペットの遺体処置と供養について

永年飼っている犬が死にそうです。遺体の処置と供養について教えて下さい。

昨今はペットブームの再来とかで、マンションや賃貸住宅の謳《うた》い文句にも、「飼育可」、「同居可」といった文字が目につきます。

朝の散歩で気づいたことですが、若者をふくめ、高額な〝純血種〟を連れた人が増えました。

　血統は主人様より犬が上　（鉄平）

とばかり、さながらお犬さまの国際級ファッションショー、といった様相を呈しています。

しかしマナー、特に糞《ふん》の始末は最悪です。注意書の〝高札〟を横目に、〈フン！〉といった素振りの飼主。むしろ犬の方が用をたしながら、すまなそうな面持ちです。これでは隣地の住民が、フンガイするのも当然です。

　お預けが出来ない人と出来る犬　（永城）

といったところでしょうか。

こうしたブームの陰で、年間五十万匹にのぼる犬猫が「殺処分」されていると聞き、驚かされました。これは捕獲された野良犬・野良猫の数に、老いと病いと、ブームが去って捨てられたもの達を加えた、「いのちの数」なのです。

溺愛と虐待——。この傾向は現代社会の人間関係、特に育児問題とも軌《き》を一にしているようで、ゾッとさせられます。

そういえば神戸の連続児童殺傷事件。あの少年Aは、すでに猫などを虐待していたと報道されました。とすれば、もし少年Aが動物をいたわる環境に置かれていたら、あれ程にはエスカレートしなかったのではないか、と悔やまれます。

犬や猫は、物いえぬ弱い立場ですから、人間が〝心情〟を察して、何くれと世話をしてやらなければなりません。私なども大の動物好きで、アヒル、ヤギ、カラスに至るまで飼いました。最近また、捨て犬をそばにおいています。

思い起しますと、子ども心にも「愛すること」、「思いやること」「いのちの尊さ」を教えられたように思います。そしてそれらの死によって、「いのちのはかなさ」、「死別の悲しさ」も、痛いほど味わいました。飼犬によって「死の看取り」を学んでいたとも思えます。

私たち自身にも、当然ながら、やがて死が訪れます。厳粛なる死、それをどのように受容するか。貴方の愛犬も、きっと立派に、それを示してくれることでしょう。

さて臨終ともなれば、悲嘆にくれてばかりはいられません。犬の場合も同様です。市区町村によって、多少の差異はあるでしょうが、私の所在する春日部市を例に、遺体の処置について記すことにします。

窓口は役所の「環境保全課」で、飼う段階で登録済の証明（首輪に着ける）をもらっているはずですから、電話あるいは直接出向き、抹消してもらいます。

埋葬は自宅の庭でしたら法律に触れません。ただし手狭だったり、隣家などに迷惑（死臭・衛生面）

を及ぼすようでしたら、火葬がよいでしょう。火葬場や、ペット霊園に併設されているはずです。

春日部市では「クリーン推進課」が、申込みによって遺体を引取り、火葬してくれます（有料）。火葬料はキロ数（体重の）で換算しています。

人間の遺体とは異なり、動物の場合は火葬・埋葬の許可は不要です。つまり、犬・猫などの死体は、家庭から出た「廃棄物」、これが行政の立場です。したがって違法投棄は罰せられます。

とはいっても、心を和《なご》ませてもくれ、家の守りに尽くしてくれた家族の一員を、「廃棄物」扱いになど、情のある者ならば、出来ることではありません。その素直さ、愛らしさ、健気さは家族以上と思っている人もいます。ペット霊園もまたブームです。

私の寺でも年に一度、慰霊祭に招かれ供養をしています。人間以上に、手厚く供養している人の姿や、墓の飾り、供物を見ると、多少の違和感は憶えますが、これもまた「癒し」に通じることと、理解しています。

思えば釈尊臨終を描いた涅槃図《ねはんず》には、その死を嘆く人々と共に、多くの動物の姿が見られます。日本においても、一休禅師はスズメの死を弔ったという逸話が残っています。生きとし生けるものに対して、深い慈悲心と広い平等観をそそぐ宗教、それが仏教なのです。

愛犬の死を通して、与えたものよりも、与えられたものの多さと深さを、思い起こして下さい。それが供養の根本です。

（平成十六年八月・記）

第三章

お墓・仏壇・先祖供養の疑問に答える

質問① 葬式後の納骨《のうこつ》の時期について

亡き夫の葬儀も済み、納骨の時期を思案しています。手順やしきたりも気がかりです。

仏教儀礼では、四十九日忌《しじゅうくにちき》を忌明《きあ》けといい、七日ごとに営んで七回目、この節目の法要と兼ねて納骨するのが一般的です。

ただ葬祭（葬式と祭祀）は、それぞれの地域に根差した慣習があり、必ずしも一様《いちよう》ではありません。

火葬場から墓所に、直接納骨（埋葬）する家があるかと思えば、いったんは自宅にもどり、香華《こうげ》を手向《たむ》けた後、納骨するといった慣《なら》わしもあります。

五七日忌《ごしちにちき》に合わせる地方もあります。四十九日忌より重きを置いた法要に、なるほど〈所変われば品《しな》変わる〉と実感したものです。ですから、どの日が正しいということはありません。

では何故、四十九日忌と納骨法要の併修《へいしゅう》が、一般的に普及されたのでしょうか。その根拠としては、およそ次の三点が挙げられます。

一、仏教の説く「中陰《ちゅういん》」の思想と深く関わっており、この日を最終にして、次の生、彼《あ》の世が決定づけられるとされる。そこで、忌日の中でもより鄭重《ていちょう》に営まれる（満《まん》中陰）。

二、民間的な伝承として、この日を境《さかい》として、死者の霊は、住みなれた家を離れ、祖霊の世界に赴《おもむ》く。

三、忌中の期間は喪《も》に服し、世間と没交渉であることが、地域的なモラルであった。この法要を済ませることで、忌明けを内外に示し、遺族は再び、社会生活の一員にもどることが認められる。

このような背景があって、亡き人の霊骨も、収まるべき所に収めたのです。

〈いつまでも、お骨を家に置いてはいけない〉とは、今でもよく聞く話ですが、決して〈亡くなった者が粗末になるから〉だけではなかったようです。残された者が生きていく、身の振り方も念頭に置いた、生活の知恵を感じます。

同日に営む場合の順序は、これも一般論ですが、四十九日忌法要、次で納骨法要となります。

納骨に際しては、墓地の場合、大きく三通りの方法が考えられます。
一、遺骨を壺から出し、直接、土に埋める場合は、予め清潔な綿布の袋などを用意し、これに移しかえる。
二、壺のまま、あるいは桐箱《きりばこ》に移して土に埋葬する。
三、唐櫃《かろうど》（石室）に収める場合は、石の蓋《ふた》の開閉は危険であり、後に目地《めじ》を施す（石を接着させる）ことも含め、石材業者に依頼しておく。
納骨堂の場合はほとんど、火葬場で処置してくれた形状のまま納めることになりますが、白布だけ取り除く規定の所もあります。

法要の進行は、僧侶の読経《どきょう》・回向《えこう》に続いて納骨する順序と、納骨してからの読経・回向の仕方があります。焼香のタイミングを含め、僧侶が指示してくれるでしょう。

また霊骨を土に収める場合、地域によってはシャベル、あるいは手を使って土をかける、土葬のしきたりが残っています。

事前に用意する物としては、お線香・花・供物《くもつ》などですが、宗派によって卒塔婆《そとば》（トーバ）供養もしますから、寺や僧侶に納骨日時を相談する折りに、依頼しておくとよいでしょう。

もう一つ重要なものがあります。それは「埋葬許可証」です。これを忘れてきたりすると、厳密な意味では納骨できないことになっています。

寺の規則ではなく、「墓地、埋葬等に関する法律」に基づいて、墓地管理者（寺においては住職、霊園では管理事務所長）は、この書類を遺族から受理しなければ、埋葬・納骨をさせてはならないのです。

火葬場で、収骨の際にお骨と一緒に、一通の封書が手渡されます。これが「埋・火葬許可証」といわれるものです。大方は、喪主に確認を求め、係員が桐箱の中に入れてくれるのですが、混乱していたり、物の弾みでポケットに入れたり、帰宅してタンスに仕舞いこんだり……。

紛失すると、よほどの理由がないと、再発行してもらえません。納骨の時期が決まったら、所在を点検しておくことです。骨箱の中に入れておくのが、最も望ましいと思います。

霊園では、「使用許可証」が発行されていて、これに死亡者名、名義人の変更などが記入されます。印鑑も必要なことがあります。持参するものは何と何か、確認を怠らないことです。

〈着る物、車の手配、持ち物。アタフタして……〉、まではよいとして、肝腎のお骨を〈忘れた！〉。この話、実は実話です。

（平成十八年六月・記）

質問②　近所の寺の墓地《ぼち》に入るには檀家《だんか》にならなければダメ？

近くの寺の墓地を求めたいのですが、檀家にならなければいけないのでしょうか。

よく目にするのが「墓地分譲中」と、「宗旨・宗派不問」の幟《のぼ》りや看板の類で、これが誤解を招くもととともなります。

宅地などのように土地を分割して譲渡し、登記させるわけではなく、墓地の場合は「永代《えいたい》使用権」。受け継ぐ人があれば、代々使用できるという権利です。

一般霊園と異なり、寺には所属する宗派や教義がありますから、この「宗旨・宗派不問」も、「今までの」と解釈したほうが無難です。

なぜならば、寺による墓地の拡充とは、取りも直さず、新しい檀家の増員と養成に他ならないからです。

しかし、初めからそれをいうと、ワクでくくられることを嫌う現代人にはそぐわない。そこで定置網のようなもので、魚が入りやすくしておき、徐々に窄《すぼ》めて捕獲する――。

下種《げす》の勘繰《かんぐ》りと思わず、聞いていただきたい。

全てとはいいませんが、そういう手練手管《てれんてくだ》を用いた寺墓地や霊園も、実際にあったのです。

「宗旨・宗派を問わないという触れ込みを信じて墓地を求めました。顔馴染の人ができ、話を聞いたところ、ご主人が亡くなり葬儀を済ませ、埋葬の手続きで出向くと、他所《よそ》の僧侶を呼ぶのは遠慮してほしい、といわれたというのです」

「以前は○○霊園という看板だけでした。その内に○○宗○○寺と書き込まれ、今ではお寺の名前が中心で、霊園名は添書程度なのです」

「菩提寺に書いてもらった塔婆を霊園にもっていったら、管理者だという人から〝持込料〟を請求されて……」

世知辛い世の中。墓地も例外ではないということですが、あなたのご質問も、私にいわせれば世知辛い。

　お寺の墓地を持つということは、まずその宗旨を信奉する、という前提でなくてはなりません。それによって入信した人が「檀家」で、だから墓地の「永代使用」が許される。

　こういう脈絡であるべきなのですが、新たに墓地を求める人の中には、往々にして、信仰を度外視しているフシが見られます。

　さて、視点を「檀家」に移すことにいたします。というのも、ダンカという言葉は知っていても、その役割、機能面は、あまり知られていないように思えるからです。

　一昔前までは、一家の主人を「檀那《だんな》（旦那）」と呼び慣わしていました。商店では顧客に、芸人は〝ごヒイキさん〟を、そう呼んでいました。最近では、歌謡曲の〽わたしの大事なダンナさま～以外、ほとんど耳にしません。

　この檀那は仏教語で、梵語dānapati《ダーナパティ》の略、ダーナに因《よ》ります。もとは僧侶の修行生活万般から、精舎（寺）を支える財物の提供者をいったのです。やがて先祖代々の諸霊に供養することも含め、施しをする家として「檀家」、受ける側としての寺を「檀那寺」「檀家寺」と呼ぶようになりました。

さて、その檀那寺は何を施すかといえば、仏の教えを施すので、これを「法施《ほっせ》（ハッセともいう）」といいます。檀家による、形にあらわれた施しは「財施」です。

ですから読経・回向することも、広い意味では法施で、そのお礼にと包む「お布施」は、財施なのです。しかし、お布施をもらうことばかりに終始して、「抜苦与楽《ばっくよらく》（人の苦しみを除き安らぎをもたらす）」の教えを説かない僧侶は、本当のところ財施に価《あた》いしないことになります。

私の所属している曹洞宗の『宗憲《しゅうけん》』によれば、住職の義務として「檀徒及び信徒を教化育成しなければならない」とされています。つまり、法施につとめよということです。

では檀家とは、どういう立場なのでしょう。

「本宗の宗旨を信奉し、寺院に属し、その寺院の住職の教化に依遵《いじゅん》（よりしたがう）するほか、本宗及び当該寺院の護持に当たる者で……」

と記されております。

檀家のつとめとは、その宗旨・寺への信仰と護持にあたること。この二点は他の宗旨・宗派も同様のことと思います。

墓は、単に「お骨の埋め場所」ではないはずです。その寺のご本尊の加護を仰ぎ、先祖・先亡を弔う聖地ですから、その他の施設を含め、僧侶と檀家は協力して、護持に当たるべきなのです。

（平成十八年七月・記）

質問③

元《がん》旦《たん》に墓《はか》参《まい》りするべきか？

元旦に墓参りすると聞いて驚きました。神社・仏閣だけではないのですか。

年の初めに神社や寺院にお参りして、一年の無《ぶ》事息災《じそくさい》、幸多きことをお願いする。その祈りの対象は、当然、神や仏でしょう。

賽銭《さいせん》用の小銭入に、はち切れるほど願い事を詰め込んで、押し合い圧《へ》し合い、善男善女《ぜんなんぜんにょ》がひしめく——。

〈あんな思いをしてまで〉と、冷やかに〝テレビ観戦〟する側《がわ》は、まだフトンの中であったり、コタツで餅を食べたり酒を飲んだり……。こんな過ごし方が、昨今の正月の風物詩のように思えます。

ところで、昔の正月はどうだったかといいますと、すでに十二月の暮ともなると、その準備に大《おお》童《わらわ》だったようです。つまり結《ゆ》った頭髪の髻《もとどり》がとけて、童子の振り乱れた髪のような情況です。

〽盆と正月一緒に来たよな　てんやわんやの大さわぎ、と歌にも歌われましたが、正月は盆と同じように、本来は、家毎の祖先の御魂《みたま》をまつる行事だったのです。

それがいつしか、盆は盂蘭盆会《うらぼんえ》という仏教的意味と色彩が深まり「仏事」。逆に正月は「神事」といった傾向を生じさせました。そこには「祖霊」に対する、日本人らしい観念が見られます。

つまり、亡き人＝新ボトケが、やがて先祖の仲間入りをする。その先祖がさらに行き着くと神になる、といった考え方です。たしかに今の私たちも、お盆の時の「ご先祖さま」は、かなり身近かな霊をイメージしているように思います。

ところで最近は、「氏神さま」といえば「住んでいる地域の鎮守の神」、とだけ理解している人が多いようです。「氏」というくらいですから、もともとは血縁関係を中心にした、一族の祖先の霊を神として祀ったわけでしょう。そうして見ますと、神さまは「遠い遠いご先祖さま」であるわけです。

〈遠くて近きは男女の仲　近くて遠きは田舎の道〉などといいますが、この場合、近い先祖も遠い先祖も、同じく「祖霊」であって、元旦に墓参りすることは、何ら差障《さしさわ》りありません。というより、むしろ感謝の念をこめてお参りすべきだと思います。

お墓参りにしても、神社・仏閣への初詣にしても、共通する点は「出向く」ことですが、もう一つ正月の行事として忘れてならないことは、「出迎える」という心掛けです。

なぜならば、先ほども触れたように、正月も盆も同じく祖霊の祭りであるからです。正月は門松、お盆は盆花。これを「依代《よりしろ》（憑代）」といいますが、祖霊が招かれて乗り移るもので、ただの飾りではありません。

また正月は「年棚」、お盆は「盆棚」です。年棚というのは、その年の福徳を司る神や祖霊を迎える、いわばお座敷です。盆棚にお仏像やお絵像、位牌を祀ることと、極めて類似していることがわかります。

そこからもう一度、元旦の墓参りを見直してみましょう。するとこれは、わが家にお連れする目的も兼ねた墓参り、ということにならないでしょうか。

正月に祖霊の魂祭《たままつり》をするという風習は、平安時代にすでに行われていたといわれます。大晦日《おおみそか》の夜には、亡魂が戻ってくるというわけで、亡き人のために、譲葉《ゆずりは》（長楕円形の厚い葉を持つ）に供物を盛って供えたとも伝えられているからです。

伝承は時代や地域性によってさまざまに推移します。ともあれ元旦の「墓参」は、こうした歴史の上に成り立ってきたのです。

おさな児やご先祖さまもおめでとう　（永城）

理屈は抜きにして、子や孫、家族そろっての墓参りもいいものです。お盆と同じように、ご先祖をわが家にお連れして、お仏壇にもお節料理の精進の品々を供えるならば、なおのこと結構というべきでしょう。

そうして、お正月の本来のいわれなどを、是非、若者や子ども達に伝えてほしいものです。ご先祖さまは年に一度ではなく、二度帰ってくることも——。

子から親へ逆もうれしいお年玉　（遠矢びん子）

で、パパより子どもの方がお小遣い豊かな時代ですが、「お年玉」にしても、もともとの意味は金品ではなく、神や祖霊から、新しい魂を授かることだったのだ、との説があります。

数々の正月行事の意義を、年の初めに考えてみてはいかがですか。きっと威儀の正されることがらに出合うことでしょう。

（平成十六年十一月・記）

質問④ 法事《ほうじ》のたびに塔婆《とうば》を建てる慣《なら》わしに疑問

すでに石塔もあるのに、法事の都度《つど》、塔婆（板《いた》塔婆）を建てる慣わしに、疑問を感じるのですが。

たしかに浄土真宗系を除いて、塔婆を建てるのは〈昔からの仕来《しきた》りだから当然〉、と思っている人がほとんどでしょう。

お寺の側も、春・秋彼岸、お施餓《せが》鬼《き》（曹洞宗では「施食会《せじきえ》」）など、恒例のことですから、予《あらかじ》め準備をしている寺も多いようです。法事などでは、当日申し込みがたまにはあって、時間に追われ迷惑することもあります。

ともあれ、〈先祖や亡き人の供養だから〉と漠然とした思いに根差していることは事実のようです。

ただ、塔婆を建てるという行為が、単に先祖・先亡だけに振り向けることなのか。この点に関しては、私はあなたの質問を通して、もっと僧侶が説明もし、納得させせなければ仏教にならない、と痛感しています。

板塔婆。仏舎利を祀るための塔（ストゥーパ、卒塔婆）を象徴している。

たとえば四尺なり五尺、六尺なりの長形の塔婆に、なぜ五輪状の彫《ほ》りこみがあるのか。その先端が宝珠であることなど、ほとんど説き明かされず、つまり意義よりも習慣が優先されてきたところに、葬儀も含め、仏教の形骸化が指摘されてきた由縁だと、思わざるを得ないのです。

お布施プラス塔婆料イコール寺の収入源――。こんな解釈をされるだけでは、志ある僧侶・檀家にとっては、信仰の上で、実に情けない話ではありませんか。真の供養にもなりはしません。

塔婆は本来、「卒塔婆《そとば》」といいますが、これは漢訳語で、語源であるサンスクリット語の「stūpa（ストゥーパ）」の音写です。他に、方墳・高顕・宝塔とも訳されています。

『仏教語大辞典』（中村元著・東京書籍刊）を参考に述べれば、もと古代インドで土饅頭《まんじゅう》型に盛り

インド・サンチーの土饅頭型のストゥーパ。板塔婆の源流となった。

上げた墓を意味したが、釈尊の滅後は、記念物の性格を帯びるようになった。

つまり、仏の遺骨・所持品・遺髪などを埋めた上に、煉瓦《れんが》で構築したものが「ストゥーパ（卒塔婆）」でした。

中国や日本でも、有数の寺院では特別な殿堂、たとえば〝五重塔《ごじゅうのとう》〟などを造立し、「仏舎利」を

奉安しています。この五重塔も、ストゥーパの一種なのです。

また、私は数度スリランカ国へ参りましたが、この国の総本山ともいうべき寺は「仏歯寺」。金色に輝く宝塔（ストゥーパ）の中に、釈尊の聖なる歯が祀られていると伝えられ、国民の篤い信仰を得ています。

五重塔もストゥーパの一種で、板塔婆の原型となった。（写真は浅草寺の五重塔）

私たちが一般的に塔婆といっているのは、こうした背景を踏まえた、木製の長形の〝板塔婆〟を指します。

仏教徒として重要視すべきは、それが板にせよ、形としての仏舎利はないながら、そこには仏の「霊妙にして聖なる徳」が、刻みこまれているということです。詳しくは述べられませんが、この板塔婆こそは「仏身」に他なりません。

塔婆に「○○家先祖代々之霊位」あるいは戒名を書写するのは、まさに親の懐《ふところ》に抱かれる吾子《あこ》の如く、安楽と安住を象徴するものです。

〈石塔が建っているのだから、それでいいではないか〉には、ある種の合理性を感じます。金銭的にも無駄のない効率さがあります。

しかし人間とは、（全てに関わることですが）それだけの感情で生きていけるものでしょうか。

一年たてば一歳年齢が増す。当り前のことですが、誕生日が訪れればこれを祝い、さらなる成長を願うでしょう。

結婚記念日もそうで、銅婚式あり銀婚式あり金婚式あり、いつの頃からかダイヤモンド婚式まで行います。その先は知りませんが、折り折りの思いが、新たに込められる記念日です。結婚当初を思い起し、改めて誓うべきものもあるでしょう。

近頃は長寿大国・日本ともなり、あまり還暦や古稀《こき》が取り沙汰されなくなった感は否めませんが、それにしても、喜寿《きじゅ》・傘寿《さんじゅ》・卒寿《そつじゅ》・白寿《はくじゅ》ともなれば、その節目を祝うのも、日本人なればのことでしょう。

年回法事にも、どこか共通したものを私は感じます。

私は現在六十三歳（数えで六十四歳）。十一歳で母を亡くし、その母の生涯をすでに越しました。父は享年六十三歳、今の私の年齢と同じです。

この拙稿を綴っている今日は、長兄の十年目の月命日忌です。

末っ子ながら、他の兄達とは別に墓地と仏壇を造立し、守っていますが、命日ともなれば、在りし日が想われ、改めて感謝の念もわいてきます。

塔婆は、心中の悪を滅して善心を生ずる「滅《めっ》悪生善処《たくしょうぜんしょ》」とも別名されます。功徳とは拝む者、拝まれる者ともに回《めぐ》らされるものです。年々歳々、子や孫も成長しています。その「お便り」と思ってみてはどうでしょう。

（平成十八年十二月・記）

質問⑤　仏《ぶつ》壇《だん》購入で心掛けるべきことは？

お仏壇を購入するのですが、どんなことを心掛けたらよいでしょうか？

仏壇といいますと、一般的に「ご先祖さまをお祀《まつ》りするところ」と思われているようですが、その外形からもわかるように、お堂を模したもので、本来は「仏（仏像）を祀る堂の内陣」を表わしております。私流にいえば、「小さな本堂」です。

各々の家に仏壇を置くことになった由来は、天武天皇の白鳳十三年、およそ今から千三百二十年前に詔書《しょうしょ》（天皇の国事行為に関して、一般に宣布する文書）によって「諸国の家ごとに仏舎をつくり、仏像及び経を置かしめ、以って礼拝供養せしめ」たとされます。

この時代では、仏舎・仏壇などは極めて一部の権力・財力のある人に限られていたはずです。

実際、全国的・全家庭的に普及しだしたのは江戸時代のことで、それには国の宗教政策が強く影響しました。人々は必ずいずれかの宗派に属し、大なり小なり、仏事や年忌法要を営むことになったからです。このあたりから、仏壇にはご本尊と、先祖・先亡の位牌を祀る習わしになったと思われます。

さて、その祀り方ですが、一般的には中央上段が、家の宗旨によるご本尊です。必ずしも仏像ではなく、仏画（お絵像）の場合もありますし、「南無阿弥陀仏」の名号《みょうごう》、「南無妙法蓮華経」の題目といった、文字の掛軸もあります。

　仏具屋さんもよきアドバイザーですが、あらかじめ菩提寺や、その宗派の僧侶に確かめることも必要な場合があります。というのも、たとえば曹洞宗のご本尊は釈迦牟尼仏《しゃかむにぶつ》ですが、宗門では「三尊仏（一仏両祖《いちぶつりょうそ》ともいう）」を制定し、その奉祀《ほうし》をすすめております。お釈迦さまの両脇に、道元禅師・瑩山《けいざん》禅師が描かれた一幅のお絵像で、これは店頭では手に入りません。

　その下の段に、あるいは仏壇によって本尊さまの左右に、ご先祖方の位牌をお祀りいたします。

　肝心なことは、あなたのおっしゃる通り「心掛け」なのですが、一応、お祀りの順序から申し上げますと――

　朝にはご飯、お茶ないしお水を差し上げ、灯明をともし、お線香を立て、お鈴《りん》の音に従って合掌礼拝いたします。お経が唱えられなくても、ご本尊の名号や題目、合わせて戒名ぐらいはお唱えしたいものです。

　こんな川柳が目にとまりました。


　　手を合すだけの仏壇しめたまま　（宮森もりじ）

　そうでしょうか。この合わす手の中から、尊い思いがジンワリと湧いてくる。その不思議さを味わうためにも、仏壇は開けて下さい。忘れて閉めっきりにするよりは、開けたままの方がよいでしょう。「手を合わすだけ」で、自分や家族の心を支える「拠《よりどころ》」が感じられてまいります。

　　よい嫁になれと仏の灯がゆらぎ　（清水）

　嫁に限らず、それぞれ家族が協力しあって、お給仕とおまいりに心掛けて下さい。「素直」さと

「反省」、「謙譲《けんじょう》（ひかえ目な態度でゆずり合う）」、人のために尽くす「奉仕」、そして「感謝」の心が、知らず知らず心の内に灯《とも》されます。これこそ人としての宝ともいえるものです。閉めきったままでは、「宝の持ち腐れ」でしかありません。

こころまで光れと仏具みがいてる（西谷良子）

確かにそう念じつつ磨けば、自覚と修養にもなるでしょう。でも、ことさら力む必要はないと思います。私は借りた畑に、暇を見つけては草取りに出掛けていますが、慣れない頃は、雑草と終始〝格闘〟でした。この頃は、〝無心〟になれるゆとりが生まれ、そうすることで、安らぎが得られるようになりました。

お仏壇の手入れは、心の雑草（煩悩《ぼんのう》）取りには最適です。ですから億劫《おっくう》がらず、折り折りの勤めとして、身に習慣づけることです。

仏壇へいちごがうちで出来ました（嘉門）

イチゴも新鮮でしょうが、何と瑞瑞《みずみず》しい呼びかけではありませんか。気持ちさえあれば、鉢植の一輪、野の花の一輪も、仏や先祖への尊い供華《くか》となるのです。

ただしトゲのある花や、五辛《ごしん》（ニラ・ネギ・ニンニク・ラッキョウ・ハジカミ）、魚獣肉は避けられてきました。それは円満な徳をそなえた聖なる仏には、ふさわしくなかったからです。とはいえ、故人の好物を供えたいのも思いやりです。極端な品でなければよい、と私は思います。

（平成十六年六月・記）

質問⑥ 白《しら》木《き》の位《い》牌《はい》を四《し》十《じゅう》九《く》日《にち》忌《き》に本《ほん》位牌にする意味は？

白木の位牌は、四十九日忌に本位牌にするとのこと。その意味について教えて下さい。

白木の位牌は、亡き人の葬儀に際して、僧侶から授与された戒名（法名）が記されたもので、地域性にもよりますが、一般的には二体を用意します。「野《の》位牌」と「内《うち》位牌」で、野位牌は、喪主（位牌持ち）が奉持し、出棺～火葬場～墓地、そして埋葬（納骨）場所に安置されます。つまり「野辺《のべ》送り用」ということです。

内位牌は、家にまつるためのものですから、野位牌を棺に納め火葬する土地では、この内位牌は墓前供養の後、自宅に持ち帰ることになります。

また、内位牌だけで通す地域もあります。

ともあれ、この白木の内位牌は、「仮《かり》位牌」などともいい、忌明けとなる四十九日忌（所によっては三十五日忌）までは仏壇に納めず、遺影とともに別にまつる風習が、各地に存在しています。

このことは仏教的というより、多分に民族的な心情に起因しているように思えます。

私たちの子ども時分、近所の〝物識り〟によく聞かされた話では、〈あそこのジイさんが、屋根の上でヨォ、遠くの方を見上げてるんだ。まだ、行きつくところに行ってねぇんだナァ……〉。

〈通夜の最中にヨ、ふっと庭の木のあたりを見たら、バァさんが、じっとこっちを見てるじゃねぇか〉。

今どきは、ほとんど式場葬ですから、こんな怪談噺《ばなし》は通用しないでしょうが、怖くて、一人ではトイレにも行けませんでした。

この話の背景には、新亡霊は、まだ落着く世界に落着いていないといった考え方があるようです。

神道の言葉を借りていえば、和御魂《にぎみたま》（柔和・精熟などの徳を備えた霊魂＝『広辞苑』）に達していない、荒御魂《あらみたま》の観念が、見え隠れしているようにも思えます。

また仏教的通説にも、四十九日の間は、亡くなったその人自身の罪業があれば、俗にいう〝浮かばれない〟といった説があります。

位牌

そこで七日ごとの追善供養を重ねること七回によって、罪業も浄められ、成仏が得られることになるわけです。

漠然としてではあっても、こうした観念が入り雑《ま》じって〈四十九日忌が済まないと、先祖の仲間入りが出来ない〉と、信じられるようになったと思います。

話の流れが、霊魂や亡き人中心になりましたが、残された遺族の側に立って、仮位牌から本位牌に移す意味を考えてみたいと思います。

身近な人、最愛の人に亡くなられてからの日々というものは、何をするにも物憂く、食欲も乏しく、思考力も定まりません。

出来得る限りの介護はしたとは思いながらも、心残りは付きまとうものです。それが突然の死ともなれば、哀惜の念にとどまらず、自らを嘖《さいな》むこともあるでしょう。

〝浮かばれぬ〟とは、死者だけに対する思いや、言葉に限りません。此《こ》の世に残る者にも、また浮かばれぬ立場はあるのです。

そこにこそ供養の意義もあるのです。亡き人も此の世にある者も、ともに救われなければなりません。今風にいえば、「癒《いや》される」道筋が必要なのであり、それが宗教であり、仏教なのです。

馴《な》れ親しんだ人を、彼《あ》の世に送らざるを得なかった人々が、月日を重ね、故人が此の世に残した思いを偲びつつも、受け入れてゆく死の現実。これもまた仮位牌から本位牌に換《か》わる、節目なのではないでしょうか。

古い時代には、白木の位牌のまま、煤《すす》けさせていることも多かったようです。今のような塗《ぬ》り位牌などは、それなりの財力がなければ出来ない、その日暮らしが庶民生活の実情でした。

その名残を引き摺《ず》ってか、文字（戒名）も定かでない位牌を、仏壇にまつっている家もあります。必ずしも信仰心がないわけではなく、一度おさめた位牌は動かさないといった過去のしきたりが、踏襲されているのでしょう。

白木の位牌をそのまま仏壇に入れて、先祖と一緒にまつる。それが是か非か、ではありません。

けれども「信は荘厳《しょうごん》（仏具・法具などを尊くおごそかにかざる）よりおこる」ともいいます。出来ることならば、此《こ》の世から彼《あ》の世に生きる節目の日として、「仮」という不安定な立場を解消させて、存亡ひとしく成仏を願うことこそ、仏の教えにかなう道だと思います。


（平成十九年四月・記）

質問⑦ 開《かい》眼《げん》供《く》養《よう》はなぜ必要？

仏像や位牌を購入した際に、「開眼供養」が必要と聞きました。どんな意味ですか。

仏像開眼を歴史上に見ますと、我が国での最初の例は、天平勝宝《てんぴょうしょうほう》四年（西暦七五二年）、東大寺における盧舎那仏《るしゃなぶつ》開眼を挙げることができます。十年間もの長い歳月を要したと伝えられ、東大寺そのものの伽藍《がらん》全ての造営はそれより三十数年後まで続けられたようです。

それ以前、この大仏の完成は天平勝宝元年（七四九）十月で、十二月には聖武《しょうむ》天皇、光明皇太《こうみょうこうたい》后《ごう》、孝謙《こうけん》天皇が行幸し、五千人の僧を招いて礼《らい》仏《ぶつ》・読経の大法会《だいほうえ》を催したと伝えられます。これが各氏族に影響し、氏神《うじがみ》ならぬ「氏寺《うじでら》」となり、仏像建立《こんりゅう》・開眼が広く行き渡り、長い歳月を経て、民間にも普及したものと考えられます。

「画竜点睛《がりょうてんせい》」という言葉があります。このいわれは中国の梁の時代、張僧繇《ちょうそうよう》という画家が、ある寺の壁画に白竜を描いて睛《ひとみ》を書きこんだところ、たちまち風雲生じて天に上ったという故事によります。

そこから、ものごとを完成させるため、最後の重要な部分を付け加えること。あるいはものごとの最重要点、といった意味に用いられるようになりました。（『広辞苑』参考）

眼を点ずることにより、単なる絵が、真竜のハタラキをしたという。ここに「開眼」の意味がうかがえます。

〈じゃあ「絵に描いた餅」はどうなの？〉などと、屁理屈はやめましょう。餅に眼を入れてどうします。〈餅には豆がよろしいようで……〉。まあこのくらいにしておきましょう。

絵に描いた餅とは、頭の中でアレコレ思案した目論見《もくろみ》で、実際には箸にも棒にも掛からない、役立たずなことをいうのです。

画竜もそのままでは、画餅とさして変わらないわけですから、眼を点ずることによって「生」を移しこむのです。これを「点眼《てんげん》」といいます。

では開眼、眼を開くとはどういうことでしょう。

この場合の眼とは、仏の「五眼《ごげん》」をさします。肉眼《にくげん》・天眼《てんげん》・慧眼《えげん》・法眼《ほうげん》・仏眼《ぶつげん》です。

平たくいえば、仏のみならず、誰もが有している身体的な眼力。神通力《じんづうりき》によって、普通では見えないものを見透す、天人にさずかった眼。慧眼というのは、差別や迷執の念《おも》いにかられることなく、真理を見すえた眼。仏教の眼目は衆生済度《しゅじょうさいど》で、菩薩はその目的のために、一切の存在をありのままに映しとる、その真実を見る目が法眼。仏眼は、さとりを開いた者の眼で、全てを見渡し一切を周知する眼のことをいいます。

この全知・全能・全徳の功徳力を、仏像や位牌にまつりこむのが、開眼供養というものなのです。

つまり、仏（釈尊）が此の世に在る時は、形に表現されたものを祈る必要はありませんでした。直接、姿にも接し、教えを聴聞することができたからです。

しかし仏も入滅（死）の時をむかえました。だからといって法（おしえ）までが消滅したわけではありません。色身《しきしん》（肉体的なからだ）から、法身《ほっしん》（仏の説いた正法）に姿を変えたとするのが仏教の考え方です。

そこで古人は、「真の仏というものは、肉眼で見たところにあるのではなく、心眼によるものである。だから真仏は生身に対しても、形像に対しても異なることはない」と示し、経典にも、「たとえば（釈尊の）在世中も滅後においても、あらゆる供養の福（利益）は得られる」と説かれ、仏像・画像の供養を認めています。

問題は、仏像や菩薩像が真仏であるか無いかの〝お宝鑑定団〟になることではなく、自らが、智慧と慈悲の仏光を拝する心境になり得ているかどうかでしょう。

位牌にしても然《しか》りで、先祖・先亡の冥福、追善の真心をもって仏壇に迎え入れる、心がまえの有る無しが問われるべきだと思います。

自分自身にとっては、今日という無事なくらしを、先祖・先亡に見護られている「お蔭」と信じ、感謝の念を持《たも》っているか否かです。

「仏作って魂《たましい》入れず」ということわざはご承知でしょう。

仏像や位牌を作っても、魂を入れなければ、ただの美術・装飾品、調度品でしかありません。

そこで開眼供養を執り行い、仏の威神力、先祖・先亡の霊をまつりこむわけです。

石塔の建立時も同じく、開眼（点眼）の作法が修されます。開眼は俗に性根入れ、入魂式（魂入れ）ともいい、移動や修復する場合は、粗末になることを一時的に避ける意味で「撥遣《はっけん》作法（閉眼）」を行います。

（平成十九年七月・記）

質問⑧ なぜ供物《くもつ》を供《そな》えるのか？

孫が「霊供《れいく》（仏壇に供える供物）」を不思議がります。確かに減らないわけで、なぜ供えるのか、説明に窮《きゅう》しています。

幼児は純真で、その物言いはストレートなだけに、時として大人たちをドキッとさせます。お孫さんの疑問、これもなかなか「言い得て妙」ではありませんか。

というのは、私たち大人も、〈何でそうするの〉と多少訝《いぶか》りはしても、では一々吟味してから行うかといえばそれもない。余計な詮索はせず、〈昔からやってきたこと〉で事を収めた方が、気楽で無難。何より恥をかくこともない……。

子どもは、そうはいかない。ケーキをお墓やお仏壇に供える、が減らない。ということは食べてない証拠。食べないのなら上げる必要がない。だから、早くボクに頂戴――。

この理屈には、それなりの説得力が感じられるでしょう。何故かといえば、親や祖父母にも、「何で」を素通りしてきた思い当たる経緯が、ずっと心にあるからです。

私たちの子ども時代は、到来物もご先祖のお陰であり、親の交際があってこそいただける、といった躾《しつけ》の中で育ちました。お仏壇からのお下がりを、今か今かと心待ちにしていたものです。

今の社会は、意識するしないに関わらず、極端な「合理主義」を、まかり通そうとするきらいがあります。合理とはそもそも「道理にかなっていること」で、「無駄を省き、能率的に目的が達成される」のなら結構なことだと思います。

しかし一方、「自己の言動をもっともらしく正当化する」意味も帯びています。その挙句が、〈食べないのなら上げる必要がない〉、といった無味乾燥な風潮を、あらゆる面で助長させているようです。

霊前の供物で気づいたことがあります。最近、お供え物がラップや真空パックのまま、これが多いのです。たしかに衛生的であり、お下がりを待つ者にも甚《はなは》だ好都合。ではありますが、これこそ主客転倒、〝せこい〟というものです。

昔の人も、現代人ほどではなかったとは思いますが、それなりに合理的に解釈しようとして、逆に疑問を生ずることもあったようです。

さてその一例を、本題の「霊供」にからめてお話することにします。お孫さんの不思議は、遠い昔の天皇の、素朴な疑問でもあったのです。

これは後醍醐《ごだいご》天皇が瑩山禅師《けいざんぜんじ》（曹洞宗大本山總持《そうじ》寺《じ》開山）に『十種疑滞《ぎたい》』を寄せられた中の、八番目の問答に当たります。

天皇は、「仏の教えは、つまるところ功徳を積むという行《ぎょう》にある。人々もそのために、亡き父母のために霊供や茶湯をお供えして供養をしているが、一向に消えたり減ることがない。これは一体、どう解釈すべきなのか」と、問を投げ掛けます。

禅師はこれに答えて、

「壁をへだてていても、梅の香りが身近に漂ってきます。香りは部屋一杯に充満するほどですが、では花の芯《そこ》はどこか損なっているでしょうか。においを嗅《か》ぐ鼻に、何か変化はおきているでしょうか。供養のまごころが通じるというのは、こういうことなのです。もし減ったり衰えたりと変化するとしたら、それは化け物です。本当の供養というものは、その形にこだわったり限定されるべきものではありません。

だから供養を受けても、跡もとどめず減ることもないのです。雨露が草木を育てるようなものです。もし天皇さまがこの説明でご納得いただけないならば、さらにたとえて申しましょう。手紙を受け取って、読めばその趣《おもむき》を知ることができますが、文字や紙は少しも傷むことはありません。ただ大事なことは、心をこめて深く思いやること。それが供養として通じるのです」

後醍醐天皇と瑩山禅師の問答は、およそこうした遣《や》り取りでした。

香に薫じたご飯を「香飯《こうはん》」といいます。こだわるべく清浄な仏法の功徳を表わしています。香は形ではなく「芳香」、つまり、まごころという香りこそ尊いのだとのお示しでしょう。

こんな話を聞きました。「お盆の迎えの夜、家族で提灯《ちょうちん》を先頭に家路につきました。マンションなのでエレベーターに乗ると、〈大変こみ合っておりますので……〉のアナウンス。たった四人。でも皆が聞いたのです。故障かと思い、翌朝、管理人に訳を話すと、そんな仕組みはないといわれてゾッとしました。今までの供養が、お座なりだったと反省しました」と。

霊魂の有無の議論はともかく、まごころは通じるということです。

（平成十六年九月・記）

質問⑨ 水を仏壇に供《そな》えたり墓石に灌《そそ》いだりする理由は？

霊前や仏前に水を供え、墓石にも水を灌ぎます。どんないわれからですか。

水分の補給が、健康に欠かせないという意識が芽生え、ペットボトルを携えている人の姿を、よく見受けます。夏は特に熱中症が心配ですから、なおさらです。

水は生命の根元であり、また全てのものを潤し、浄化する作用があります。こうした物質的な効用が神聖視され、宗教儀礼の中にも取り入れられました。

日本の仏教でも、水は身と心の汚れを浄めるものと見做《みな》し、仏事の多くに用いられています。

一般にいわれる「死に水を取る」という「末期《まつご》の水」も、単に〈臨終にはノドが渇くから〉では、ピンポーン！　とはなりません。

人情からいえばそうでも、仏教的にいえば、「濁世《じょくせ》にそまった身と心を、口を通して浄め、聖なる世界に誘《いざな》う行為」なのです。これに民間信仰的な「死の汚れ」観が加わってもいるようです。

いざこざや気まずさ、今までの蟠《わだかま》りを解消することを「水に流す」といいます。これも水による浄化を、精神面でとらえた喩《たと》えです。

仏教語で、水を「閼伽《あか》」といいます。これは梵語argha《アルガ》の音写で阿伽とも書きます。「あか」というと、汗や脂、ほこりにまみれた「垢《あか》」を、つい連想してしまいますが、まったくその逆の清浄なものです。

もともとは貴賓・客人の接待の時に捧げられた水をいったようです。釈尊在世当時は、世間の人の〈まず一杯〉は、酒ではなく水だった――。それが仏に供える水となるのです。

広い意味では、神仏に供える物や、その容器も閼伽といいますが、閼伽井といえば、仏または墓前に供える清水を汲む井とされ、水のイメージが強く反映されています。

こうして見ると、地下水が汚染され、名水と称する飲料水を、金で買う今日の日本ですが、そのくらい貴重で良質な水を、自分ではなく、神仏に捧げ、あるいは墓前に灌《そそ》いだ先人の心とは、何と潤いに満ちていたことでしょう。

ご仏前やご霊前に供える水のことを、浄水・功徳水・香水《こうずい》などといいます。

〈香水という言葉が仏教にあるなんて、オドロキ！〉と思う人も多いでしょう。シャネルの何番とか、オーデ・コロンといった、香料を加えたアルコール水溶液ばかりが香水ではありません。読み方は「こうずい」と濁音しますが、中味は、香または花を入れて神仏に供える、浄らかな功徳の水です。

また加持祈祷《かじきとう》（仏の不可思議な力を得て、災いを除き願いをかなえるために祈る）した水を意味するものです。

「世の中は澄むと濁ると大違い　ハケに毛がありハゲに毛がなし」。香水も読み方一つで意味内容が変わってきます。

東大寺二月堂の「御水取り」は有名な行事で、これは三月十三日（陰暦二月）の未明、堂前の若狭《わかさ》井《い》の水を加持祈祷して香水とする儀式です。

仏教のある宗派では、仏壇に「お香水」を供えるのですが、それを下げて飲むと身心ともに浄まり、健康に過ごせると説いているようです。となると、仏や先祖・先亡諸霊のためばかりでなく、我が身にも、ご利益がめぐってくることになり、結構な教えだと思います。ただし、仏壇に供えっぱなしの水では、話になりませんが……。

供えることの他に、灌《そそ》ぐという儀礼があります。灑水《しゃすい》とか洒水《しゃすい》と書きますが、ともに香水をそそいで浄めることをいいます。

真言宗などには、灑水杖《じょう》という棒の先を、容器の香水に浸《ひた》して、霊前や仏壇、墓石などにそそぐ作法があります。曹洞宗では洒水枝を用いております。

これは灑水灌頂《かんじょう》ともいって、仏のさとり、仏の智慧を容器の水に融和させ、これを香水として、師僧が弟子の頂にそそいで、仏法の継承者の証しとする、あるいは一般の人々に仏縁を結ばせる儀式の中で執り行なわれることもあります。

宗派によって異なるとは思いますが、仏前結婚式、葬儀、仏像・仏壇・墓石の開眼《かいげん》（点眼《てんげん》）供養などの折り、注目していれば、こうした儀式作法を目にすることが出来ると思います。

ともあれ、たとえ水道水であれ、これを香水と心に念じ、供え灌ぎたいものです。

出来ることならば、いや是非とも、自分の口ばかりに名水・天然水を入れ込まずに、亡き人にも差し上げていただきたい。

（平成十九年六月・記）

質問⑩ 母の遺骨の小片をペンダントにしたい

亡き母の納骨も間近。遺骨の小片をペンダントに収められると聞きますが――。

お気持ちを逆撫《さかな》でしては恐縮ですが、フト脳裏をかすめたのは、童謡の一節と、流行《はやり》ことばでした。

〽カラスなぜ鳴くのゥ……

これが〈カラスの勝手でしょッ〉と綴《つづ》られて、「なぜ」に潜《ひそ》む思慮《しりょ》というものが掻《か》き消されてしまった。「勝手」だから、可愛い七つの子も、そのまぁるい目も、山の古巣も、「カンケイナイ!」のでしょう。

ペンダントの中に、お骨の小片を収める、その先駆《さきが》けは、故石原裕次郎夫人ではなかったかと思います。〈いつでも、どこでもいたい、いてあげたい〉、そんな主旨のコメントを、聞いたような気がします。健気《けなげ》な年上の妻、死んでも常に一緒、裕次郎サンは幸せ者。人はそうあるべき、私も愛しい人にそうしたい――。

こうして「美談」は、瞬《また》く間に「需要」の声となります。需要とは、「商品に対する購買力の裏づけのある欲望。または、その社会的総量」（広辞苑）。となれば、それに応じる「供給元」が出てくるのは当然です。

いや、実に驚きました。必ずしも、美談が脚光を浴びた所為《せい》とは限りませんが、この種の「供養の商品化」には、すさまじいものがあります。遺骨の一部を、あるいはパウダー状にしてロケットペンダントに入れる。これが主流のようですが、各社各様、さまざまなデザインを競っています。そのほかにも、遺骨から抽出《ちゅうしゅつ》した成分で制作した、ダイヤモンドのネックレスや指輪、クリスタル製のお骨入れまであるそうです。

ところで、パウダーといえば聞こえが良い。骨《こつ》粉《ぷん》では何となく肥料を連想して、耳障《みみざわ》りをおぼえます。そこで宣伝文句、広告文を、あえてコピーなどという。

そのコピーの多くの中に、〝共通語〟を見つけました。「メモリアル」の洪水。最近では、「エターナル（永遠《とわ》に）」も目にするところです。

こうした言い回しや、デザインに目を奪われていると、なぜ遺骨をペンダントに収めるのか、その点の説明不足には気づきません。

たしかに最愛の人を喪《な》くした者にとっては、いつまでもそばに置いていたい。これは人情というものです。人生は出会いと別れとはいうものの、死別には再会の余地がない……。そういう立場に立った人からすれば、こうした商品は「渡りに船」なのでしょう。業者も――。

しかし、と私は思うのです。そうすることが、亡き人への供養なのかどうか。では一体、それは何のためかと、一度、自分自身に問い直してからでも、遅くはないはずです。

そこで思い出すのは、「散骨《さんこつ》」がマスコミに取り上げられた頃の、ある新聞の記事です。

新居を構え、庭づくりと植栽《しょくさい》に精を出していた妻が亡くなった。妻の願いは、その手塩にかけた庭に眠ること。近所の同意も得て、夫は妻の切なる遺志を果たした。

およそこのような内容に、私は疑念を持ちました。〈みんなが賛同し、妻の思いも果たせた。これこそ夫は男の鑑《かがみ》?〉。ならばその家は、子々《しし》孫々《そんそん》エターナルであり、その庭はメモリアル・ガーデンとして存続するのでしょうか。

私には、美談めいた話題の背後に見え隠れしている、「我愛《があい》」なるものが感じられてなりません。先々、煩雑《はんざつ》なこと、粗末なことになる可能性も無しとしません。

悔《く》や嘆《や》みや嘆きは、思慕《しぼ》する情に負けず劣らず、人として尊いものです。その思いをペンダントに封じ込めず、広く人との交わりの中で開いてほしいものです。

ですから、遺骨は納めるところに納め、〈そこに行けば会える〉、〈行けなくなっても、亡き人は念ずる胸の内にあらわれる〉と信じて下さい。

この種の情報を、インターネットで取り集めてみたところ、「大切な人」「亡き人へ」を謳《うた》い文句にはしていますが、それにも増して強調しているのは、他ならぬデザイン、ファッション性です。

ともあれ、選ぶ選ばない、するしないは本人の決めるところ。

先日も火葬場で、〈形見《かたみ》に一つ、いいですか?〉と、私の顔をのぞきこむお嬢さんがおりました。〈あなた自身が形見です〉と応じると、ハッと手を引っ込めました。

人は縁によって生じ、縁によって滅びる。今いる人々とも、やがては一緒にいられない。この切実な思いこそ、心のペンダントに秘めて、大切に生き生かして下さい。

（平成二十年七月・記）

第四章

仏教の身近な行事と慣わし

質問① 正月の「修《しゅ》正《しょう》会《え》」とは何か？

仏教の正月行事に「修正会」があるそうですが、その法要の意義とは何ですか。

正月気分というものは年々、薄らいでいるようです。大空狭しと乱舞する凧《たこ》の雄飛《ゆうひ》も、この頃では、余り見られなくなりました。

「初荷」の幟《のぼ》りを、はためかせて往《ゆ》き交《か》うトラック。それを追いかける子どもたちの姿。そして羽根つき、独楽《こま》回し、双六《すごろく》に興じる歓声……。

思えば、私たちの幼少時代は、物不足ではありましたが、どこか長閑《のどか》で、何もかもが真新しい正月でした。

正月の「三箇日《さんがにち》」といえば、毎朝が雑煮《ぞうに》でした。

今時の人の中には、雑炊《ぞうすい》と混同している向きもありますが、雑煮は餅《もち》入りの、新年の祝い膳《ぜん》でした。

また正月には「松の内」という期間があり、慣習としては関東は七日まで、関西では十五日までとされていました。

通例としては、七日までを「大《おお》正月」といいます。大があれば小があるわけで、「小《こ》正月」は地域にもよりますが十五日です。

大正月を「男正月」ともよびます。男があれば、また女もあるわけで……。そこで小正月を「女《め》正月」ともいうそうです。暮れからの仕度《したく》、正月中の賄《まかな》いに大童《おおわらわ》だった女性の、いわば安息日とされています。

こうした期間中に、さまざまな正月行事が行われました。紙数の関係から割愛しますが、それぞれ、昔の人々の思いの広さ、奥深さには感嘆させられます。

というのも、正月をただ楽しみの道具にしておかないという、先人の智慧を感じるからです。

たとえば雑煮一つをとっても、そこには、慎《つつし》みを持つことの大切さ、天地の恵みに感謝するといった、「生活規範」が籠《こ》もっていることに気づかされます。

陰暦の正月を「睦月《むつき》」ともいいます。正月は家族・親族・知人との、得難い団欒《だんらん》の日々となるでしょうが、「一年の計は元旦にあり」――。つまり人と人との睦《むつ》び合いを、年頭に当たって念頭に置くということです。

また、正月はタダス月とも読みます。旧年中を回顧して、その時々の思いや行いを問い直す。そして改めるべきは改める、と心に期すことも意味しています。まさに「修正会《しゅしょうえ》」は、その実践を物語る法要です。

『佛教語大辞典』（中村元著、東京書籍）によれば、「前の年の悪を正し、吉祥《きちじょう》を祈って寺院で修される」として、その起源は「天長四年（八二八）に、東寺・西寺で七日の薬師悔過《やくしけか》を行ったこと、あるいは七六八年に聖武《しょうむ》天皇が諸地方の国分寺で悔過法を行わせた」とされます。

日取りは寺によって異なりますが、三日間あるいは七日間、この法要は今も伝承されています。ところで、ここで注目したいのは、「悔過《けか》」ということで、過《あやま》ちを悔《く》い改めるのですが、それを仏前において行うということです。

宗旨・宗派によって修法《しゅほう》の違いや、祈りの対象である、本尊さまも異なります。悔過の対象は薬師如来だけに限りません。阿弥陀《あみだ》悔過・吉祥天《きちじょうてん》悔過、あるいは大日《だいにち》悔過など、修正会の儀式にもいろいろあります。

いろいろありますが、仏・菩薩の尊前において告白し許しを請《こ》う。これが修正会の眼目とするところで、私たちの日常生活にも、特に正月に当たって、大いに学びたいものだと思います。

よく、国会の論戦で聞かれる「謝罪」などはその一例、反面教師でしょう。民意という姿なき国民の、顔色を盗み見るような答弁も、まるで後出しジャンケンではないですか。

これは、政治家に限ったことではありません。心の内に神聖さ、尊厳さを本尊として持つことは、誰もが大切なことだといいたいのです。

それがなくして、何によって自分を正すのか。結局はその場凌《しの》ぎで遣り過ごし、そのツケを先送りしなくてはならなくなります。ツケは、益々《ますます》重みを増して心に食い込み、身を責めます。

一般生活でも仏道修行でも、それは同じことです。修正会とか悔過の行ということは、単なる儀式ではありません。儀礼を通して、真実の生活の生き方に目覚めようとするものです。

新年の川柳で、私の好きな一句があります。

下駄の緒《お》が指締めつける三箇日　（上村爪人）

下駄の鼻緒というものは、履《は》いた当初はきついものです。それがいつしか履きなれて、何ともないものになります。三箇日だけピリッとではダメッ、という警句のようにも思える句です。

修正《しゅしょう》とは、心の緒を絶えず弛《ゆる》めぬ生き方をいいます。

（平成二十二年十一月・記）

質問② 初詣《はつもうで》でどんな祈り方をすればご利益《りやく》をいただける？

初詣に参りますが、神仏にどのように祈れば、ご利益がいただけるのでしょうか。

宗教を信じる、信じないは別として、祈りそのものは、誰もが抱く人間ならではの感情でしょう。何か期待する思いが起れば、その事が実現しますようにと願うのは、至極当然です。

人に対する依頼心。これも一種の祈りと思われます。医術などもしかり。人間の力や計らいだけではどうにもならない時、祈りは人智を超えた能力者、神仏に向けられます。「叶わぬ時の神頼み」です。

ところで「ご利益」をアテにする、あるいは強調する信仰が、古今を通じて廃《すた》れないのは、まったく奇妙というほかありません。

しかし、そこに偽らざる人間の脆《もろ》さ、弱さ、切なさがあるということ、それが人間の性《さが》だということに気づくことは大切です。

「人生相談」の中にも、擬似宗教に塡《は》められて、財産を失ったという例を多く耳にします。

〈このご霊水を飲めばガンが治る〉とか、〈この水晶玉を拝めば金運が得られる〉といった類《たぐい》。何のことはない、ご利益を蒙《こうむ》ったのは自称・超能力者の方であったりします。

私の川柳では、これを「ドラキュラに似た生き神は金を吸う」としています。甘いご利益話は、用心に越したことはありません。逆にドス黒い舌の先で、舐《な》めつくされてしまいますから——。

『広辞苑』を引くと、〈御利益〉は、「利益の尊敬語。神仏が衆生《しゅじょう》に与える利益。神仏の霊験《れいけん》。効能。効験」となっています。

『仏教語大辞典』（中村元著）の中で目につくのは、「すぐれた利点。功徳。勝利。他人を益すること。恵みを与えること。仏の教えに従うことによって得られる幸福、恩恵」。

ここで注目したいのは、「他人を益すること。恵みを与えること」と、「仏の教えに従うことによって得られる幸福、恩恵」という意味についてです。

ご利益というと、とかく自分が神仏から〝いただく〟ことのように思われがちですが、それだけではないのです。

他人に対して自分は何をなすべきか。そして仏の教えに従うという前提に基づくことが、真のご利益だということになります。

つまり、自利と利他の思いが融合したところに、ご利益は成り立つ、と解釈すべきです。その意味で、世間的な利益《りえき》と仏教の利益《りやく》は、区別されなければなりません。たとえば〈どうぞ儲かりますように〉とか、〈うまい話が舞いこみますように〉。こうした楽して得をするような、虫のいい我欲の祈りでは、いかな神仏でも外方《そっぽ》を向くに違いありません。

要するに祈りの姿勢が問題です。仏教の説く「祈願」からすれば、「空念仏《からねんぶつ》」であってはならないということです。ただ神仏にすがりつくのではなく、自分自身が願いを「成し遂げる」ために、力をお借りする。言葉を換えれば「誓願」であり、「行願《ぎょうがん》」であるべきでしょう。

たとえ神仏にすがりつくにしても、その「すがりつき方」というものがあるはずです。つまり「おまかせ」の心境にならなければ、通じるものも通じません。

道元禅師の著された『正法眼蔵《しょうぼうげんぞう》』に「生死《しょうじ》」の巻があります。この生死ということを、ご利益をイメージしながら拝読しますと、本当の祈りとは何かが、おぼろげながらも見えてくるように思います。その一部を挙げますと、

「ただわが身をも心をもはな(放)ちわす(忘)れて、仏のいへ(家)になげいれて、仏のかたよりおこな(行)はれて、これにしたが(随)ひもてゆくとき、ちからをもいれず、こころをもつひ(費)やさずして、生死をはなれ、仏となる」

いかがでしょうか、祈りの姿勢とはどうあるべきか、見えてきましたでしょうか。

そしてご利益ですが、これもよく吟味しなければなりません。一流の大学に合格できたとします。これはご利益、祈りが通じたことになります。ある官庁に入ってトントン拍子に出世した。これもご利益を手中にしたことになります。

周囲にもて囃《はや》され、ついつい業者と癒着して、証人喚問ではギュウギュウの目にあわされ、世間からは家族まで白い眼で見られ、退職金も返納の憂《う》き目にあった。さて、ご利益はあったといえるでしょうか。

正月は、ご利益ねだりの殺到する時節。神仏のご苦労にも、是非、ご利益を差し上げたいものですが……、

神さまに寝正月など夢の夢　（永城）

（平成十九年十一月・記）

質問③ お寺の祈祷札《きとうふだ》は毎年いただかなくてはならないのか？

例年、お寺から祈祷札が届けられます。毎年いただかなくてはいけないのですか。

　ご質問からフト思い出したのは、葬式の日に初七日忌も営むのが、当たり前になったことです。誰が名付けて普及させたのか、「式中初七日」といい、葬儀中に付け足して行うことが、多くなりました。

　式場葬が圧倒的なご時世。おそらく場所を効率よく活用する手段として、葬儀社が編みだした〝知恵〞だったろうと思います。

　世間の多くの人々も、その方が手っ取り早いし、参列者を煩《わずら》わせずにすむからか、今やすっかり定着してしまいました。

　僧侶の側《がわ》もその点、妙に寛容らしき態度で、あまり議論らしき声は聞かれません。

　そんな風潮の中で、〈四十九日忌《しじゅうくにちき》も一緒にお願いします〉と、カエルよろしくケロッといわれたことがあります。これには、さすがの〝百戦錬《ひゃくせんれん》磨《ま》〞を自負する私も驚きました。

　二の句が継げないとは、こういう場面でしょう。しかし一言いわれれば三言で返す私のこと。

　「そこまでするなら、いっそのこと、一周忌も三回忌もやってしまったら、どう？」

　今度は相手が口をあんぐり、しばらく私の真意を推し量っているようでした。

　こんな例を挙げたのは、他でもありません。その時々お布施を包み、その都度、人に集まってもらうのは不都合――。もしそれだけを考えて供養したとすれば、亡き人に対し心底、こころが通じたと実感できるものでしょうか。

ご祈祷する側の神社やお寺としては、お札を受ける人々の、その年の無事息災《ぶじそくさい》を念じたものですから、歳末や新年にお配りする。いただく方もまた如りで、新たな年を迎え、心も新たにして一年の計を立て、その成就のため神仏の加護を仰ぐのです。

たしかに、お札が古くなったからといって、功徳までヨレヨレになるはずはないでしょう。かといって一枚のお札に十年分、二十年分の願いを託すというのも、気が引けるのではないでしょうか。

それが誰の気持ちにもある「世間智」というものので、祈祷札自体に、古い新しいの功徳の差があるのではないのです。これを受ける人のこころに、理屈をこえた新旧の節目が生じて、古いお札をお返しし、新しいお札を求めるのです。

御神符と戻る新車の乗り心地　　可染（番傘川柳一万句集）

の句意は、まさにこれです。古い車に付けていたお守りを、そのまま新車に取りつけてもよさそうなものですが、ご祈祷やお祓いを受けていただいた、真新しいお守りをウィンドーに吊《つる》すと、新車（新年）も、なおのこと快適に思えるでしょう。なぜかしら心も改まる、それが功徳の始まりです。

ところで、私の寺の祈祷札は、下段右側に年号、一月元旦と記し、左側に願主《がんしゅ》・某甲《むこう》と名を入れます。さて、ことは願い事。「家内安全」「交通安全」なら上段左右におさまりますが、それに「商売繁盛」「子孫長久」「厄除開運」「安産成就」「学業増進」「合格祈願」等々、一家総動員のような願文が届くと、困りはててしまいます。

これはまさに「諸願成就」なのですが、漠然としているからか歓迎されません。願い事を記入し申込む習慣をつくったことが後悔されますが、やめるにやめられず、こんな注文が舞い込むと、神仏にすがりたい思いになります。

それはさておき、「お礼参り」ということをご存知でしょうか。

一般的には、刑罰に服し、釈放された不良行為者が、自分の悪事を告発した人に、仕返しをすることだと思われがちです。

けれども、お札やお守りを受けた人が、お礼参りをするのが本来の意味なのです。神仏に願い事をした人が、その願が成就したお礼に参詣することをいうのです。今は、そうする人は極めて少ないようです。

新しいお札をいただく場合も、本来は古いお札を持って、神社なり寺なりにお参りし、新しいお札をいただく習慣でした。古いお札はお焚上《たきあ》げといって、神社や寺院の一隅で焚いてもらうのです。ダルマ像や破魔矢も同じです。

ともあれ、新年の祈祷札はその年だけのもの。たまに見る光景ですが、神棚や仏壇に煤《すす》けた幾種類ものお札を見かけます。

旅行の土産《みやげ》がわりにする人もいて、もらった人は粗末にしがち――。

神棚にお札を束ねて不信心（永城）

これでは神仏も顔を背《そむ》けます。

（平成十八年十一月・記）

質問④ 節分《せつぶん》の豆まきの由来とは？

親譲りの見様見真似《みようみまね》で、「節分の豆まき」をしています。どんないわれがありますか。

時代や社会の変化と共に、世の中の人々が、さして気にとめぬ内に廃《すた》れていく風俗習慣。その中の一つに、節分の日の、家庭の豆まきがあげられるでしょう。

節分へ客呼ぶスターの名を連ね　（松川芳子）

この日のニュースは、大寺・大社に、どんな関取りや俳優、歌手が豆まきに来たか、大々的に報道されるのが、恒例になりました。そこばかりが脚光を浴びる所為《せい》ではないでしょうが、次第に、地域の社寺で行うところも少なくなり、一抹《いちまつ》のさみしさをおぼえます。

個々の家庭となると、一戸建ての家でも、稀《まれ》ではないでしょうか。〈へぇーお宅、そんなことやるの。今度、見に行ってもいい？〉。

マンションや団地といった、高層住宅はなおさらで、〈空から豆が降ってきたんだよ〉。〈それ、どんな豆かわかった。空豆《そらまめ》だろ？〉。〈それが大豆でね〉、といった小咄《こばなし》にもなりそうです。

マンションといえば（ホテルもですが）、例の耐震強度偽装問題は極めて深刻です。「百鬼夜行」とは、多くの悪者どものさばって、わがもの顔に振舞うことの譬《たと》えですが、〈鬼は外！〉と豆をぶつけたくらいの追求では、「河童《かっぱ》の寒稽古《かんげいこ》」。屁《へ》とも思わないのではないですか。

それはさておき、話を節分にもどします。

私も子どもの頃、父親が障子や戸を開け放って、豆まきをしてくれました。〈福は内、鬼は外〉とはいわず、鬼は外を三回、福は内を二回と記憶しています。

まず鬼を追い出してから、次に福の神を招き入れるのが正統だという〝厳命〟は、やがて私から息子へと伝わっています。

まいた後の豆は、年齢《とし》の数だけ食べると、福が得られるとも聞かされましたが、何分とも食糧難の時代です。拾っては食い、食っては拾う、鬼は鬼でも餓鬼《がき》むき出しでした。

近所からも掛け声が聞こえます。すると父の声が一段と高まります。先方も負けじとばかりボリューム・アップ。追われた鬼は、声の弱い方へ忍び込むというから、どことなく必死な様相です。

父と向こう三軒両隣の掛け合いと、怯《おび》えた犬の哭《な》き声がサウンド・トラックとなって、あの頃の節分の夜が、なつかしく思い出されます。

さて、この節分の謂《いわ》れですが、もともとは、立春・立夏・立秋・立冬などの節日《せつじつ》（気候の変わり目を祝う）によるものです。

節日は他にもあって、よく知られているのは五節句（一月七日・七種粥《ななくさがゆ》、三月三日・雛《ひな》祭、五月五日・端午《たんご》、七月七日・七夕《たなばた》、九月九日・重陽《ちょうよう》＝観菊）でしょう。

ところが「節句」といえば桃の節句（雛祭）、端午の節句とされるように、節分も四季にあったものが、いつしか立春のみに代表されるようになり、今日に至っております。

では、なぜ立春の前日なのかといいますと、「一日」に対する考え方の相違によるのです。

古くは、朝から夜ではなく、夜から昼と見ていたので、前の晩ということになったようです。

また一年の移ろいを、春夏秋冬とよぶように、立春こそ年の始まりとしていた時代ですから、節分の夜には、新年を迎えるにふさわしい行事を考え出したのでしょう。

「由来」には諸説・異聞がつきものですが、いった豆をまいて邪気を払う風習は、室町時代に始まり、江戸時代になると一般家庭でも行うようになったとされています。

『話の大事典』（名著普及会）を参考に、「伝説」をあげますと――

平安時代の昔、鞍馬《くらま》山の奥まった谷に鬼神がいて、都に乱入しようとしたので、三石《さんごく》三斗の豆をいって鬼の目をつぶし、災厄《さいやく》を免《のが》れた。

大和時代、悪疫が諸国に流行し、百姓が多く死んだため、「追儺《ついな》」をして鬼払いをした。

――などが記されています。

追儺とは「鬼やらい」ともいい、悪鬼を払い疫病を除く宮廷の儀式で、中国から伝わり、宮中を経て民間の節分行事となったようです。

豆まきは「豆打ち」ともいって、その役目の人が「年男」です。もとは、その年の干支《えと》に当たる人や厄年の人が勤めたものでした。家庭では家長の仕事です。昨今では男女を問いませんが、「年女」とは呼びません。年男は、別名「豆男」ともいわれます。横綱はじめ大男の関取衆も、この日ばかりは「豆男」、とはおもしろい。

節分会ぶつけられるとうれしがり　（永城）

（平成十七年十二月・記）

質問⑤ 「花まつり」と甘《あま》茶《ちゃ》

老母はしきりに「お寺の甘茶」を懐かしみます。私には縁遠く会話ができません。

「お寺の甘茶」とは、四月八日の「花まつり」にちなむものです。

この仏教行事は、その昔、釈尊＝お釈迦さまがルンビニ園でお生まれになった時、竜天があらわれ、後々、聖者になるべき子の誕生を大いに喜び、産湯《うぶゆ》として甘露《かんろ》の雨を降らせたという故事によります。

「甘露」とは、古くインドでは神々の飲料、不死の霊薬とされ、中国古来の伝説では、帝王が善政を行えば、天がこれを称讃して甘味の液を降らすとされます。なるほど今日の日本の政治状況では、酸性雨しか降らないわけです。

この甘露水の言い伝えが、甘茶を誕生仏（お釈迦さまが生まれて、すぐにお立ちになったとされる姿）に灌《そそ》ぐ習慣となるのですが、もともとの誕生の時は、香水で洗浴されたようです。中国でも日本でも、初めは香湯を用いました。

甘茶を灌ぐようになったのはいつ頃からか。『世界大百科事典』（平凡社）の「灌仏会《かんぶつえ》」の項では、「灌浴に甘茶を用いるのは江戸時代になってからで、それ以前は種々の香水が用いられた」とあります。ところが「あまちゃ」で引くと、「芳香佳味であるところから中古以来これを代用するようになった」となります。

花まつりの光景。
釈尊の「誕生仏」の像に甘茶を灌いでいる。

中古といえば平安時代が中心。江戸時代は近世で、厳密にはいえませんが、「江戸時代からは鉢に甘茶を湛《たた》え参詣者は小柄杓《ひしゃく》をもって像の頭よりそそぐ」（『話の大辞典』名著普及会・刊）ともありますから、この頃には庶民の仏教行事として、定着していたことでしょう。

これらの事典には、興味深いことが記されています。たとえばサッカリンの二倍の甘さがあり、各種の甘味料、醤油の醸造にも利用され、なんと糖尿病患者の飲料ともなった漢方薬なのです。

また、この甘茶を硯《すずり》に注げば、文字が上達するとか、その書いた紙を、柱や雨戸に貼っておくと虫の駆除に効き、子どもの「虫封じ」にもなると信じられておりました。これを天井に貼ると、落雷から逃れられるという、迷信まで生まれました。

眉唾《まゆつば》もはなはだしい風習ですが、お釈迦さまの

釈尊の「誕生仏」の像

誕生を祝う仏教行事が、こうして庶民の生活感情にまで浸透してゆく歩みを見ると、何ともほほえましく思えます。

昔の人々はそれなりの祈りを持ち、功徳を信じ、もちろん得難《えがた》い甘味も求めて、寺々の灌仏会に参詣したのでしょう。

灌仏会を「花まつり」と呼ぶようになったのは、一説には大正時代とされています。

推古天皇十四年といいますから西暦六〇六年、元興寺《がんごうじ》で始められて以降、江戸・明治の時代までは、灌仏会（仏生会《ぶっしょうえ》）であったことは、川柳などからも窺《うかが》い知れます。

その一例を挙げますと、

灌仏や世の行水もよい時分

これは江戸時代の明和年間の句で、気候は春暖、生まれたままの姿を捩《もじ》っていますが、大正以降では、

花祭り釈迦は六時に指し給う　（芝有）

と呼称に変化が見られます。

それでも、全国各地で盛大に行われてきた仏教行事でしたが、この頃ではごく一部の地域仏教会や、寺の催しに限られるようになり、人々の耳目

から遠ざかってしまったことは、まことに〝残念〟の極みです。

「花まつり」と聞いても、仏教とのゆかりの深さを知る人は稀《まれ》のようです。駅のポスターに「花まつり」と大書してあるのを見て、フト、〈どこのお寺だろう、仏教会だろう。力が入っているなぁ〉、と感嘆しつつ目をそそぐと、豈図《あにはか》らんや。その内容は「桜まつり」や「つつじまつり」。お釈迦さまと関わる広告は、皆無に等しいのが現状です。

それを裏付けるかのような発見をしました。『類語別　番傘川柳一万句集』（創元社）は、大正二年から昭和三十七年十二月までの選句によるものですが、類題に「花まつり」があります。ところがその後の「続・類題別」にも、「新・類題別」にも、「花まつり」の項目は見当たりません。

あなたのみならず、こんなところでも、「仏縁」が遠退《とおの》いてしまっていたのです。

花に彩《いろど》られた「花御堂《はなみどう》」は花園、柄《え》の長いヒシャクは竜天、白象は最上の乗り物をあらわします。天地を指さす姿は、人間平等の生命の尊さを示しています。

人を人と思わぬ人命軽視の時代、この尊い行事を復活し、改めて花まつりの精神を学びたいものです。

花まつり天地をつなぐ釈迦の指　（松浦みちお）

（平成十七年二月・記）

質問⑥ 「縁日《えんにち》」とは何か？

「縁日」というものは神社・仏閣と、どう関わっているのでしょうか。

「縁日」といいますと、道端や寺社の参道、境内などに露天商が品物をならべ、往来する人々の賑わう姿が想像されます。

昔は、鶏のヒナも売っていました。メスと聞いて、やがて生きのよい卵がと想像して買ってもらいましたが、オス。翌年も翌々年も……。

文句をいったら〈メスもいるはずといったハズだ〉、〈おたくが言葉をトリ違えたんだ〉といわんばかりに、巧みに外《はず》されてしまいました。

落語に、〈亀を買ったら、その日の内に死んじゃった。どうしてくれる〉といったら、〈ちょうど万年の日に当たった〉と開き直る噺《はなし》があります。

それにしても、のぞき見して歩くだけでも、縁日は楽しかった。今時の子も、親や友だちと連れだって、金魚すくいやヨーヨー釣りに興じています。綿飴《わたあめ》やタコ焼などをおねだりする姿もあります。

お楽しみは結構なのですが、今の若い世代では、それが縁日だと勘違いしている人が、余りに多いようです。大人にもいます。「縁」が疎《おろそ》かにされている時代のあらわれでしょうか。

たとえば御輿《みこし》（神輿）が適例で、ご神体、神霊が乗るとされるお輿です。ところが、〈そんなことはどうでもよい〉で、ただ〈セヤセヤ！〉の掛声ばかり。御輿に乗るのは担《かつ》ぎ手を煽《あお》るフンドシ姿。ある大社では今後を〝見越し〟て、「飛び乗り」乗車の中止を考えているとか。

単なる「みこし」なら、大樽に砂利でも詰めて、担いでいればよいとさえ思います。お楽しみは「御負《おま》け」であって、その奥にあるもの、本質に気づくことが肝要です。

縁日の「縁」とは、何を物語っているのか。仏教では「縁起」。全てのものごとは、人も含め、縁によって生かされていると説きます。

そこで、神や仏との、その縁を得た日を「有縁の日」、縁が結ばれた日とすれば、「結縁の日」。略して「縁日」といっています。

私たちの常日頃は、我が身と、その周囲にばかり目がそそがれてはいないでしょうか。そんな自分でも、終戦記念日ともなると、なるほど多くの人々の犠牲の上に成りたっている「いのち」を痛感させられます。

孫が誕生した。この子が小学生になる日を見たい、成人式までは生きたい。ヘビースモーカーが一大決心、禁煙の第一歩を標《しる》す。これもまた貴重な縁日といえるでしょう。

何か特別な出来事や、特定の場・その日に出合うことによって、体験や思考を深めた日。私は縁日を精神生活の上で、そう受けとめてもよいのではないかと思っています。

神仏への帰依も、何かの動機がはたらいてのこと。その機縁となった日も、自分にとっての縁日です。

次に、縁日を歴史的に見ながら、その時代の人々の心情に触れてみたいと思います。

『仏教語大辞典』(中村元＝東京書籍)によれば、

「仏門に入る因縁のある日、神仏に何かの縁があって祭りや供養のある日。神仏に仮に命日を定めて、この日に参詣すれば功徳があると……」（抜粋）。そして仏教・道教の年中行事に合わせ、遊戯場や店が賑わったのは、唐代・宋代以来のこととされています。

『信仰の原点（仏教編）』（井出勇・編著＝史学館）では「日本の縁日の信仰がはじまったのは、平安時代からと考えられ、中世初頭の『仏教説話集』などに観音、地蔵、不動、阿弥陀、薬師などの縁日の日があらわれている」（抜粋）と記されています。

　これに加えて、いつしか祖師の生誕や忌日、神社仏閣の由来による縁日が定められました。それが、社寺自身の教化と運営面にも、大きな効果をもたらしたのは事実です。さらには宮崎県知事・東国原氏のように、一々国内・外に出向かなくとも、巡拝・参詣者が押せ押せとばかり訪れますから、必然的に商業的にも潤います。

　地域産業の活性化の原点が、すでに鎌倉時代にあったとは驚きですが、縁日が固定した市（場）となり、門前町にまで発展した地域を、今も見ることができます。

　東京・巣鴨の「とげぬき地蔵尊」は、今や「お年寄りの原宿」と化し、高岩寺なる寺名も知らぬ老男老女であふれています。「ゑん日が千里もひびく神楽坂」。これは善国寺・毘沙門天の縁日。寅《とら》の日を虎、その雑踏ぶりの一句です。

　縁日が今日もなお、庶民や子どもたちを、楽しみ和《なご》ませてくれるのは有難い。とは思いますが、縁起・縁生によって、自分が今日あることも、忘れてはならないことでしょう。

（平成十九年八月・記）

質問⑦ 仏前《ぶつぜん》結婚式について

姪《めい》の結婚式は「仏前」で執《と》り行うとのこと。出席した経験がなく戸惑《とまど》っています。

とかく仏教は〈めでたごとは縁遠い存在〉、と決めつけられがちです。

結婚式といえば、神前やキリスト教会が連想されるでしょうが、数こそ少ないものの、仏前で華《か》燭《しょく》の典を挙げた人や、列席した人たちの印象を聞くと、〈心に響くものがあった〉、〈意義深さを感じた〉、〈厳粛だった〉といった声を耳にします。

仏前といっても、寺の本堂ばかりとは限りません。ホテルや専門の式場でも行えます。祈りと誓いの対象が「仏」だというだけです。

仏教徒ならば、仏教精神に基づいた婚礼が、何よりもふさわしいはずで、他の国々では、家や個人の信仰に従って挙式をします。その点、日本人は実に曖昧模糊《あいまいもこ》としています。

仏前結婚式を、「式次第」の面から見ますと、まず参列者、次いで媒酌人《ばいしゃくにん》に伴われて、新郎新婦が入場する。これは他宗教の結婚式とも共通しています。

さて一同が着席しますと、鐘か太鼓の音（雅楽《ががく》・洋楽・御詠歌《ごえいか》の場合もある）に従い、お付きの僧侶の先導で「式師《しきし》」が入場いたします。式師とは、両人の結婚を仏前に報告し、仏の照覧を仰ぐとともに、新郎新婦の誓いを証明する主宰者です。

宗派、式師・両人などの意向によって、内容が異なることもありますが、「開式の辞」に始まり、式師の「献香三拝《けんこうさんぱい》」となります。この時は参列者も合掌し、身と心を調《ととの》えて礼拝いたします。

それが済みますと、式師は「啓白文《けいびゃくぶん》」（敬白文《きょうびゃくぶん》）を奉読《ほうどく》します。二人の結婚を仏前に報告し、仏の照覧を仰ぎ、ご加護を請《こ》うのです。

次が「洒水灌頂《しゃすいかんじょう》」。わかりやすく「清めの式」ともいい、式師は仏の清らかないのちの水を、両人の頭上にそそぎます。仏教の考えでは、人間は意識するしないに拘《かかわ》らず、煩悩《ぼんのう》によって心を汚してしまいがちです。仏の慈悲と智慧をあらわすこの聖水によって、清浄な心に立ち帰り、門出する意味をもっています。

仏教徒が身につける信仰の象徴の一つが数珠です。洒水の後、一対《いっつい》の数珠《じゅず》が授けられます。これは夫婦相和《あいわ》し円満な人生を祝うことから、「寿珠《じゅず》授与」といいます。この折りに、多くは指輪の交換をします。

ややあって「三帰礼文《さんきらいもん》（仏法僧《ぶっぽうそう》の三宝《さんぼう》を敬い帰依を誓う）」を唱えます。式師が先の一句を唱え、全員で唱和するのですが、あらかじめ印刷物が配られます。

儀式は「誓約文」の読み上げに移ります。両人が仏に対して誓いの言葉を述べるのですが、その決意を参列者に伝える意味もあり、両人および式師が押印した後、披露されます。

次に盃事《さかずきごと》となりますが、これは一般的な三三九度《さんさんくど》と変わりありません。

これが終わると「式師示訓《じくん》」になります。両人にこれからの生き方をさとし、また祝福するのです。

仏式ならではの特色は、やはりお経です。ここ

仏前結婚式の光景

で「先祖報告」を兼ねて、全員唱和の読経《どきょう》を勤めることは、まことに意義深いものがあります。これも印刷物が用意されているでしょうから、司会進行者の指示に従って唱えます。

人は一人で生きられるものではありません。同時に、ただ一人で生きて来たわけでもありません。両親を通じ、先祖から受けついだ互いの尊《とうと》いいのちを、新たに結び合う慶事が結婚式ですから、何よりもその点に目覚めることが肝要です。

仏前結婚式は、この尊いいのちの流れを重んじ、報恩《ほうおん》のための「先祖報告式」を取入れております。報恩とは、つまるところ自分たちを大切にすることにつながります。

最近では二分間弱で一組が離婚していると聞きます。社会状況の変化もあるでしょうが、「縁《えん》」を軽視する現代人の意識が、そうさせていることも一因といえるのではないでしょうか。それがまた人命を害《そこな》い、幼児虐待《ぎゃくたい》さえ生んでいるように思えてなりません。
仏教は「縁」を説く宗教でもあります。それが文学にも影響し、多くの諺《ことわざ》ともなり、いいならわされてきました。

「一樹の陰《かげ》一河の流れも他生《たしょう》の縁」

「合縁奇縁《あいえんきえん》」

「袖振《そでふ》り合うも多生《たしょう》（他生）の縁」

披露宴のスピーチでも、「ご良縁」がさかんに交わされます。仏前結婚式は、まさにこの尊い縁を基調とした儀式なのです。新郎新婦、両家はもとよりですが、数珠の形が示している通り、参列者全員が縁を通じ、一連の輪（和）に生きるために行われるべきものでしょう。
そうした思いを胸に式中の一員になりたいものです。

（平成十七年三月・記）

第五章

仏教の信仰と修行

質問①

合掌《がっしょう》とは何か？

仏教は合掌を強調しますが、もとは単なる挨拶《あいさつ》の形体だったのではないですか。

私事にわたりますが、わが寺には夏休みの期間、毎年六百名をこえる小学生児童が、「子ども禅の集い」に訪れます。六日間に分け、日帰りの〝修行〟をさせています。

まずはオリエンテーション。〈合掌ってわかる人いる？〉。まばらに手が挙がる中、小声で歌を口ずさむ子がいたりする。〈ン？　なるほど……〉。

ある日の法事で、日頃は口数の少ない年寄りが、妙にニコニコ顔で私に話しかけてきた。〈方丈《ほうじょう》さん（私のこと）、いやマイッタ。朝飯を食おうとしたら、孫がいうんだ。「ジィジ、ご飯を食べる時は、こうして掌《てのひら》を合わせて、いただきますをするんだよ」って。誰に聞いたんだといったら、お寺で習ったんだと――〉。私の川柳句に

　お預けが出来ない人と出来る犬

がありますが、フト「合掌が出来る子どもと出来ぬ親」が連想され、笑うに笑えませんでした。

一般的に合掌する姿といえば、寺参りや墓前、葬儀・法事の折りに見られる光景で、信仰のあるなしにかかわらず、多くはその場かぎりの、極めて儀礼的なものとなっています。

中には仏式であるのに、拍手《かしわで》を打つ人さえいる昨今です。

ともあれ形式的にせよ、合掌するという行為が現代にも及んでいるのは、仏教が伝来されてからの、強い影響力によるところでしょう。

では合掌が、仏教・釈尊の編《あ》み出した礼法かといえば、そうとはいえず、それ以前に発祥《はっしょう》した、インドの風俗習慣によるとされます。

それにしても、掌を合わせるという行為が、「単なる挨拶《あいさつ》」だったとは思えません。ヨーロッパやアメリカ人に見られる頬擦《ほおず》りや握手。握手などは日本でも議員立候補者の〝お手の物〟となりましたが、それなりの思いが込められて、形づけられたに相違ありません。

合掌もしかりで、インドにおける自然発生的な、世間一般の挨拶に見えても、それを形として表わしたい、何かがあったはずです。

言語で譬《たと》えるならば「お蔭《かげ》さま」がそうでしょう。辞典によれば「相手の親切などに対して感謝の意を表す挨拶語」とされますが、そればかりではなく、見えざる無数の縁あればこその自分、これも「お蔭」であって、含蓄《がんちく》に富む言葉です。

さて、この合掌が仏教に取り入れられることになり、宗教的礼法として意義を深め、高めていきます。

もともとインドでは右手は神聖、浄らかなものとし、左手は不浄なものとして、使い分ける習慣がありました。確たることとはいえませんが、私が仏教国であるスリランカへ行った時、このことを食事を通して感じました。箸《はし》は使わず、手で食べる食生活ですから、左右の使い分けをしないと、不潔なものまで口に入れる始末になる。そんなところから、来ているのかなと思ったものでした。

それはともかく、神聖な右手は、真理であり悟りであり仏身《ぶっしん》であり、法《おしえ》であると見る。左手は、凡夫《ぼんぶ》、迷える私、修行途上の身と見る。

この仏《ぶつ》・凡《ぼん》一体の相《すがた》が、仏教の合掌となったのです。またそうあるべきようにと、念ずる形が合掌ですから、仏・菩薩への敬虔《けいけん》な祈りとなり、誓いともなるのです。

「右ほとけ左はわれと合わす手の　中にゆかしき南無《なむ》の一声」と歌われている所以《ゆえん》です。

仏壇業界のある大手会社のＣＭに、「お手々のしわとしわを合わせて仕合《しあ》わせ　ナーム」があります。これも当を得た合掌の意義だと思いますが、逆に、「ふしとふしを合せて不仕合わせ」という語呂合せもあって、どちらも〈うまいこというなぁ〉と感心させられます。

ところで、最初に挙げた祖父と孫のエピソードのように、日本の社会・家庭生活の中で、今や合掌する姿は、風前の灯《ともしび》となった感は否めません。

仏教が伝わり、日本人の精神文化のバックボーンとなった中に、合掌の形と心がありました。それが日常的生活習慣に溶け込み、豊かで慎み深い人間性を育《はぐく》んできたことは、疑いのないところだと思います。

実態は知りませんが、小・中学校の給食から、いただきます、ごちそうさまでしたと、合掌に始まり終わる姿が、消えかかっていると聞きます。〈始め！〉、〈終わり！〉や、ホイッスルの合図による食事風景があるとすれば、何とも味気ない。

青少年の暴発、未熟な親の出現など、悲惨な事件が多発している現代。合掌の姿や心を失いながら、口にする「美しい国」の掛け声が、何とも空々《そらぞら》しく感じられてなりません。

（平成十九年一月・記）

質問② 数珠《じゅず》の由来や意味は？

数珠《じゅず》は仏教徒のシンボルといわれていますが、その由来や意味を教えて下さい。

古川柳に、

袂《たもと》からけふ（今日）は是《これ》じゃと数珠を出し

の一句があります。

身形《みなり》をととのえ、イザ外出しようとするのは商家の旦那《だんな》。その行く先を訝《いぶか》るのは妻か奉公人か――。ともあれ、黄門さまの印籠《いんろう》よろしく、〈これが目に入らぬか〉と、見栄《みえ》をきる情景が目に浮かびます。

その逆に、

後家どこへ行くのか数珠を置いて出る

もあります。

まぁ穿鑿《せんさく》の方は置くとして、数珠が、すでに江戸庶民に普及していたことは、窺《うかが》い知れます。

「数珠」を「珠数」と書くこともあるようで、この方が素直に「じゅず」と読めそうですが、

数　珠

ジュジュが訛《なま》ったのでしょうか。ズズともいうそうです。

数珠の起源について、『仏教疑問解答集』（高田道見著＝東都佛教館・大正六年・刊）によれば、釈尊が霊鷲山《りょうじゅせん》に居《お》られた折り、難陀《なんだ》国の国王が使者を通じて、〈兵乱などで治世に追われ、常に仏法を聴聞したいと切望しているが果たせない。これに代わる修行の要件を満たす方法を教示願いたい〉と懇願《こんがん》します。（意訳）

そこで釈尊は、

「若《も》し煩悩業苦《ぼんのうごっく》を滅せむと思はゞ《（わば）》、木槵子《もっかんす》一百顆《か》をつらぬき、それに糸をとほして常に身に随へ、散乱の心を息《や》め至心に仏法僧と唱へて即ち一つの木槵子を繰《く》るべし、是《かく》の如く百遍千遍乃至《ないし》百千萬遍すべし（略）」

と伝授します。

そしてこの功徳は、衣食に恵まれ、安楽を得られるとともに、一万遍唱えれば、百八の煩悩を断絶・除去することが出来るとも示されます。

因《ちな》みに、この木槵子とは「もくげんし」とも読み、その実が数珠玉です。菩提樹の実、あるいは羽子板あそびの羽根先の黒い玉がそれです。

また、『信仰の原点（仏教編）』（井出勇編著＝史学館刊）によるところでは、「初期仏教にはこの風習はなく、密教仏教の興隆によって、一般化した」とされます。

『仏教語大辞典』（中村元著＝東京書籍刊）では、「ヒンズー教でも用いられるが、もとインドのバラモンが使っていた」といいます。

さらに、原語はジャパ・マーラー（念誦《ねんじゅ》の輪）であったが、他国の人がジャパー（薔薇《ばら》）と覚えたため、西洋語に直訳されて「ロザリオ」となったと記されています。

ロザリオとは、カトリック教会の用語で、やはり祈りの回数を確認するためのもので、イスラーム教では、インド風のものを用いているといわれます。

宗教がらみの戦争が繰り返されている中、世界の大宗教が数珠によって繋《つな》がっているとは、まことに皮肉なことです。当事国が一連の数珠玉のようであってほしいのですが、とかく「親玉」を主張し、擦《なす》り合いの明け暮れですから、糸は切れ、輪（和）が成り立ちません。

合掌と数珠

さて、先にもふれたように、仏教に取り入れられた数珠は、仏法僧《ぶっぽうそう》の三宝《さんぽう》を念じ、あるいは唱える時の、数取りに始まる礼拝の法具でした。

日本には、仏教伝来とともにもたらされたといわれ、それが次第に、加持祈祷《かじきとう》の要素を深めていきます。

一説に、鎮護国家、病気平癒などの祈願に応じて一心不乱、心を励まして祈っていたところ、無意識に両手で数珠を揉《も》み鳴らしていた。それが今日も見られる擦り鳴らす作法の始めとか。

幸いにして祈願が通じたのでしょう。これが風聞となり、評判を呼ぶことになり、〈何やら数珠をジャラジャラやると願いが通じる〉ということになったというのです。

一般の方の中でも、やたらと〝ジャラジャラ、ジャ!〟を連発する人がおりますが、これは甚《はなは》だ迷惑。祈りに、妙なパフォーマンスは無用です。

数珠は念珠《ねんじゅ》ともいいます。仏や先祖を礼拝供養する時、あるいは通夜《つや》や葬儀の折り、手にかけて、念仏や真言・題目を唱える折りの、数をかぞえる法具だったということ。

それが、仏教信者だという、自覚をうながすシンボルになったこと。そして、これを手にすることによって、自らの心に起る煩悩を鎮《しず》め、心を平安に保つこと。さらには信心を深め仏法に帰依する思いを高めること。数珠とはそういう意味をもっています。

数珠の種類や形を述べる紙幅はありませんが、材質は香木や種子、貴重な石などさまざまで、清浄さを感じさせる物が何よりです。それが念ずる心を深めさせるからです。

数珠は専用の袋に入れ、決して直《じか》に床や畳に置かない。経本のように扱うことが望まれます。

（平成十八年十月・記）

質問③ お経はなぜありがたいのか？

お寺で、お経を唱える体験をしました。お経の意味、おぼえ方を教えて下さい。

私の寺（曹洞宗）でも、法事や坐禅会、各種の研修会には、備えつけの経本を配り、必ず『般若《はんにゃ》心経《しんぎょう》』をお唱えします。

春、秋の彼岸法会《ひがんほうえ》、お盆の施食会《せじきえ》では『修証《しゅしょう》義《ぎ》』、『観音経』、『舎利礼文《しゃりらいもん》』なども読誦《どくじゅ》されます。

これらのお経は、従来、僧侶方によるものでした。それが、経本を頼りに、いつとはなく誰からともなく、唱和されるようになりました。

今では、みんなで唱えるのが当たり前、といった雰囲気です。声もよく出ているし調《ととの》っていて、本堂に入りきらない人の数ですから、まさに法悦の渦《うず》——。導師の私も、自ずから身が引き締まる思いです。

お経には、そういう「霊力」のような、人を魅了する、何かが秘められているようです。

さて、その「お経とは何か」ですが、一般に広く解釈されているのは、〈亡くなった人に対する、供養のための唱えごと〉。つまり、葬儀や法事で、故人あるいは先祖の冥福を祈るために読む、という理解です。

これは「成仏《じょうぶつ》」にも通じます。

多くの人々は、〈死後に仏になること〉だと思っているようで、だから、〈彼奴《あいつ》もとうとうオダブツしちゃった〉などといいます。

しかしお経のハタラキとしては、死者に対する回向《えこう》・儀礼は一部分でしかありません。

釈尊は仏性《ぶっしょう》（人間あるいは生きとし生けるものは悉《ことごと》く仏となるべき本性をそなえている）を説かれました。この場合の仏には、悟・覚・証、いずれかの「さとり」が込められています。「一切衆生悉有《いっさいしゅじょうしつう》仏性《ぶっしょう》」「草木国土悉皆《しっかい》成仏」という考え方です。

この仏性を自覚し、苦しみや悩みを克服して、授かったいのちを充足させる。また、他の人やものの救済、社会浄化のために慈悲・智慧を傾ける。こうした縁を生かす生き方も、成仏に関わることです。

お経とは、その境地に誘《いざな》うために示された、「お釈迦さまの道標《みちしるべ》」と、私は表現しています。

お経の中には、その冒頭に、「如是我聞《にょぜがもん》（是《かく》の如《ごと》く我《われ》聞《き》く）」という言葉が出てくるものがあります。出てこなくても、これは八万四千の法門といわれる、全てのお経の心髄《しんずい》です。唱える時、意味を解釈する時は、まず如是我聞と念ずることが肝要でしょう。

この言葉は、釈尊と、多聞《たもん》第一と称された阿難《あなん》尊者《そんじゃ》に因《ちな》むものです。

如是とは、お経にある釈尊の言動をあらわし、我聞とは、経典を編集した阿難尊者の、自らの言葉だと伝えられています。

また如是は、仏法を聞いて教えに信順することであり、我聞は、その信心を堅持《けんじ》する人だとされます。ですから、お経を学び唱える時は、阿難さまになった心境で――。

一口にお経といっても、宗派による「独自性」があって、さまざまです。「所依《しょえ》の経典」ともいって、教理の依《よ》り所《どころ》が異なります。

各宗派の代表的なお経の説明は、紙幅の都合で省きます。関心のある方は、拙著『お経の意味がよくわかる本』『仏教とじかにふれ合う本』（ともに河出書房新社）をお読み下さい。

広い意味では「お経」に含まれますが、それぞれの宗派には、もう一つの「所依」があります。それが、名号《みょうごう》・題号・聖号・宝号などといわれるもので、念仏、題目、本尊称名《ほんぞんしょうみょう》ともいいます。日々のお勤めや、葬儀、法事の時、お経の前後や途中で、繰り返し唱えられます。

代表的なのは「南無根本伝教大師《なむこんぽんでんぎょうだいし》」（天台宗）、「南無大師遍照金剛《なむだいしへんじょうこんごう》」（真言宗）、「南無阿弥陀仏《なむあみだぶつ》」（浄土宗・浄土真宗）、「南無本師釈迦牟尼仏《なむほんししゃかむにぶつ》」（臨済宗・曹洞宗）、「南無妙法蓮華経《なむみょうほうれんげきょう》」（日蓮宗）などです。

これらは、仏や祖師への崇敬と報恩の心をあらわすとともに、唱えること自体が修行ですから、成仏への道程ともなります。

念仏や題目、称名などは、すぐにでも空《そら》で唱えられます。要は空《から》念仏にならないことですが、お経となると、そうはいきません。

昔からのたとえ通り、「門前の小僧、習わぬ経を読む」に徹するしかありません。聞きながら唱えるのが、一番おぼえやすいので、そういう場（寺）を求めることでしょう。

唱え方もいろいろあって、「看経《かんきん》」は黙読すること。「読経《どきょう》」「諷経《ふぎん》」は声を出して読み、「念誦《ねんじゅ》」は仏祖の名号を心に念じつつ経文を唱え、「誦経《ずきょう》」は暗記したお経を唱えます。

その心がまえは――、

紋付《もんつき》を着て紋付の心持《こころもち》

（飴ン坊）

（平成二十年四月・記）

質問④ 『般若《はんにゃ》心経《しんぎょう》』の「ぎゃーていぎゃーてい」とは？

『般若心経』の終わり部分、「羯諦《ぎゃーてい》羯諦《ぎゃーてい》……」は漢字なのに意味不明です。何故ですか。

私たちが拝読するお経には、原語であるサンスクリット語・パーリ語などの音を、漢字に当てはめたもの（音写《おんしゃ》）が出てまいります。

また、意味の上から漢訳されたもの（意訳《いやく》）も、多く見られます。

たとえば、『般若心経』の正式な経題（『摩訶般若《まかはんにゃ》波羅蜜多心経《はらみたしんぎょう》』）にある「摩訶」は、「マハー（mahā）」の音写です。それに対し経文《きょうもん》冒頭の「観自在《かんじざい》」は、原語は「アバァローキテーシュバラ」で、これは読んでおわかりの通り、意味を優先させて訳しています。

お経の音写ということでは、苦《にが》くもなつかしい思い出があります。二十代前半の頃、京都の、とある寺へ手伝いに行った折りのことです。

檀家《だんか》の棚経《たなぎょう》に参りました。『般若心経』を唱え出すと、背後の少女が、声を押し殺したように、ククッと笑うのです。それがある個所《かしょ》にくると、畳《たたみ》を這《は》うように伝わってきます。

「波羅蜜多《はらみた》」でした。『般若心経』は本文わずか二百六十二文字のお経ですが、経題を入れると、ハラミタは、何と六回も出てきます。若僧《わかぞう》の私はすっかり気を取られ、声も上擦《うわず》り、その挙句《あげく》には、お鈴《りん》を転がすという失態振りでした。

原語はパーラミター。意味は彼岸《ひがん》に到ること、完成――。それを知っていれば「腹見た」の語呂合わせなど、夢々浮かばなかったことでしょう。

さて、お経には音写と意訳があると申しましたが、ご質問の「羯諦羯諦《ぎゃーていぎゃーてい》」以下について述べる前に、いくつか触れておきたいことがあります。

『般若心経』の終わり部分で、もう一つ注目したいのが、「呪《しゅ》」という文字です。「是大神呪《ぜだいじんしゅ》／是《ぜ》大明呪《だいみょうしゅ》／是無上呪《ぜむじょうしゅ》／是無等等呪《ぜむとうどうしゅ》」、「波羅蜜多呪《はらみたしゅ》／即説呪曰《そくせつしゅわつ》」と、まるで畳み掛けるように、呪が強調されています。

一般的に「呪」といった場合の解釈は、次の二通りがあるでしょう。

一つは呪《まじな》いで、迷信も多いようですが、神秘的・超自然的な霊力、威力を借りて、災《わざわ》い（禍）を除く。あるいはその逆で、災いを起こしたりすること。

もう一つは呪《のろ》いそのもので、恨み（怨）や憎しみのある人に、災害や事故、病気などの不幸が生じるように神仏に祈る。または、そうなるように、心の中で密《ひそ》かに願う。

この呪《のろ》いなるものは、いうまでもなく思ってはならない、おこなってはならないものです。

ですから、昔から「人を呪えば身を呪う」「人を呪わば穴二つ」といって、他に害をなそうとすれば、自分の身も害を受けると誡《いさ》めています。

もう一方の呪《まじな》い。これは、災いを除くという点では、『般若心経』の呪の精神に近いものが感じられます。

私たちの子供時代には、遊び心も手伝って、「おまじない」をよくしたものです。

今の大人の口からも、「ちちんぷいぷい　痛いの痛いの飛んで行け」といった、一種の呪文《じゅもん》が聞かれます。痛がる幼児には、かなり効果があるようです。因《ちな》みに、これは「智仁武勇《ちじんぶゆう》は御世《ごよ》のお宝」から派生したという説があります。

智仁武勇を仏教的にとらえると、智慧と、仁はいつくしみですから慈悲。そして武勇は勇猛心《ゆうみょうしん》で、ひたすら修行に精進《しょうじん》することになり、ちちんぷいぷいも、まんざら捨てたものではありません。

『般若心経』における、「羯諦羯諦《ぎゃーていぎゃーてい》／波羅羯諦《はーらーぎゃーてい》／波羅僧羯諦《はらそうぎゃーてい》／菩提薩婆訶《ぼーじーそわか》」も、いうなれば呪文で、陀羅尼《だらに》、あるいは真言《しんごん》とも訳され、密語《みつご》（秘密の言葉、不思議な力を含んだ言葉）ともいいます。

密語というからには、本来は、説明を要しないのです。つまり、あれやこれやと理《り》を並べ立て、知的理解を深める、というものではありません。

仏典に、「信解円通《しんげえんづう》」という言葉があります。教えを信ずることと、教えを理解すること。この二つが一つになって通じあうことですが、呪の立場からすれば、体験によって理解するということが重要になります。

その体験、体現の第一は、ひたすら『般若心経』を読誦《どくじゅ》するという行為の積み重ねに他なりません。この短文のお経の中でも、「羯諦羯諦……」と呪を唱えれば、はかり知れない功徳《くどく》を得て、「能《よ》く一切の苦を除く」とされます。

もちろん、この呪は意訳もされています。

「われも到れり　人も到れり　迷いの此岸《しがん》から　悟りの彼岸へ到れり　悟りは成就《じょうじゅ》された　幸いなれ」

とも訳されます。

しかし「一字に千理《せんり》を含む」呪は、仏の大慈悲心の、密語であることを、重ねて指摘したいと思います。

（平成二十五年五月・記）

質問⑤ 「五観《ごかん》の偈《げ》」とは何か？

僧侶の修行では、食事の時もお経を唱えるとか。「五観の偈」とはどんな意味ですか。

衣・食・住は、人間生活に欠くことができないことは、いうまでもありません。

しかし現代人の中には、その基本的な面に、あまり意を用いていないようにも見受けられます。ファッション性、グルメ志向、快適さ、利便性にばかり気を取られている、としか思えないのです。

最近、「食育《しょくいく》」ということが、声高《こわだか》にさけばれだしました。結構なことですが、これも食材の選び方や栄養価などの献立《こんだて》談義にかたよってしまっては、無味乾燥といわざるを得ません。

食とは身体を養うもの。とはいえ、それだけで事足《ことた》れり、で終わらせてよいものでもないはずです。たくわえたエネルギーを、何に、どのように用いるか。これが人間らしい食事のあり方です。

たとえば「乞食」。仏教語としての読み方はコツジキです。修行道場としての寺院では、時折り、「托鉢行《たくはつぎょう》」をしますが、「乞食行《こつじきぎょう》」ともいいます。僧侶が町や村の人家の戸口に立ち、主にお金やお米をもらいます。

これは本来、日常的な仏道修行の一つであり、一定の行儀（実践に関する規則）に従って行われます。「乞食四事《こつじきしじ》」には、次のように示されています。平易に述べますと——。①集落に入っては身と心をととのえ、仏の戒（いましめ）を守ること

②容姿・威儀をととのえ、人を敬信させること　③仏の定めた仕方にそって、よこしまな食の求め方をしない　④食はわずかにして、身を支えることで満足すること――などです。

托鉢僧《たくはつそう》が金品をいただいた後に唱える言葉があります。その冒頭の文言には、「財法二施《ざいほうにせ》、功徳《くどく》無量《むりょう》」とあります。

財は米や金、その他のモノをいい、法とはノリ、仏の教えをさします。一方はモノを施《ほどこ》す側。僧侶は、人々が生活の中で平安を得られるよう、教え導く。この二者の支えあう恵みは、量《はか》り知れないほど尊い、といった意味になります。

また「乞食四分《こつじきしぶん》」では、一分は仲間の修行僧に。一分は貧しい人々に。一分は人間以外。残った一分だけが自分のものとされています。これは災害時などで生きる姿勢にも大きく関わることですから、見過ごせない大切な教えをはらんでいます。

禅寺の修行には、厳しい食事作法があります。その中で唱えるお経もいろいろあって、〈準備できた？　じゃ食べよう。ハイいただきます〉、とはいかないのです。

唱えごとの中心になるのが、「食事訓」としての「五観の偈《ごかんのげ》」といわれるものです。次の五つの事項を心静かに、きよらかな思いで、自分自身に問いかけるように唱えるのです。

「五観の偈」

一《ひとつ》には功《こう》の多少《たしょう》を計《はか》り、彼《か》の来処《らいしょ》を量《はか》る。

（この食卓に用意された品々と調理には、どれほど多くの縁と人々の手間や苦労があったかを深く思い、感謝をこめていただきます）

二《ふたつ》には己《おのれ》が徳行《とくぎょう》の、全欠《ぜんけつ》を《（と）》忖《はか》って供《く》に応《おう》ず。

（自分の日々の生活態度をふりかえってみると、

この食事を得るにふさわしい、人としての役割を果たしてきただろうか。深く反省していただきます）

三《みっ》には心《しん（の）》を防《ふせ》ぎ過《とが》を離《はな》るることは、貪等《とんとう》を宗《しゅう》とす。

（身と心にわきおこる、むさぼり・いかり・おろかさ〈三毒煩悩〉をぬぐい去るべく、修行の糧《かて》としていただきます）

四《よっ》には正《まさ》に良薬《りょうやく》を事《こと》とするは、形枯《ぎょうこ》を療《りょう》ぜんが為《ため》なり。

（空腹を満足させるためばかりでなく、病んだ身と心を養う最良の医薬として、いただきます）

五《いつっ》には成道《じょうどう》の為《ため》の故《ゆえ》に、今此《いまこ》の食《じき》を受《う》く。

（智慧と慈悲の心を磨き、真の人格完成をめざすため、いまこの食事をいただきます）

以上の言葉は合掌しながら、複数の人がいれば唱和してから、いただきますを合図に食事に入ります。

　こうしてみると、食事も修行の一環だということが、おわかりになるでしょう。

　一般家庭の、特に夕食などは一家団らんともいうべき食事風景（これもむずかしい時代ですが）となりますが、修行としての食事ですから、お経を称える以外は、一切無言です。

〈ずい分と味気ないでしょうね〉といわれることがあります。そんなことはありません。

　一口目は一切の悪を断《た》つ。二口目にはあらゆる善を行う。三口目は多くの人々の救い手となる。そう念じます。ですから一口一口、一品一品がそれぞれ慈味となって、生のありがたさがかみしめられます。とても味わい深いものなのです。

（平成十七年十一月・記）

質問⑥ 「御詠歌《ごえいか》」とは何か？

「御詠歌講習会」に、初めて参加します。「御和讃《ごわさん》」とか「御詠歌」とは何ですか。

西国三十三所観音霊場、その他の霊場でも境内《けいだい》のどこかに、あるいは巡礼マップなどに、御詠歌が誌《しる》されています。各霊場には、必ず各一首の和歌があります。巡礼歌ともいわれ、霊場をめぐっては、手持ち用の柄《え》のついた鈴《れい》を振って、朗々《ろうろう》と、時には哀調《あいちょう》を込めて、それをうたうのです。

それが「詠」(言＋《プラス》永)の意味するところで、鈴虫のごとき音に合わせ唱える、細心さが大切です。

余談ですが、轡虫《くつわむし》のようなガチャガチャ音楽が横行する時代。世相もまた如《しか》りですから、御詠歌は、一服《いっぷく》の清涼剤《せいりょうざい》ともなりましょう。

御詠歌で子を寝せ付ける木賃宿《きちんやど》

と古川柳にあります。信仰の旅の道すがら泊まった安宿。焦《じ》れて寝つかぬ子をあやしきれず、ふと御詠歌を子守唄がわりに――。きっと霊験《れいげん》あらたかだったことでしょう。口遊《くちずさ》んだ親も安堵《あんど》して、翌日の霊場の旅を夢みるのです。

先ほど、御詠歌は「巡礼歌ともいわれ」ると申しました。厳密には、巡礼歌は「御詠歌の一角を占《し》める」というべきで、鈴と鉦《しょう》(伏せておいてたたく仏具)を用いて、堂内でも、自宅の仏壇でも唱えられてきました。その一例に、もう一句の古川柳を挙げるとすれば――、

御ゑ《(え)》い歌のかなきり声か嫁いじり

轡虫のガチャガチャもいただけませんが、金切り声も、歯医者の虫歯を削る治療針に似て、こころ穏やかにはなれません。この場面は明らかに自宅でしょう。霊場でやるとすれば、かなりの勇気が必要ですから……。

その御詠歌も、広い意味では御和讃の範疇《はんちゅう》に入ります。和讃とは、梵讃《ぼんさん》（インドの古典語であるサンスクリット語で書かれた仏・菩薩の徳に対する讃歌）、漢訳された漢讃などの影響によるものです。

和語、つまり日本語。それを難解な言葉は極力排して、平易に綴《つづ》られた詩歌で、七五調四句が一章、これが基本型です。数章、数十章にわたるものもあります。和讃の起こりは平安時代中期とされています。

参考のために、『曹洞宗詠讃歌』の中から、和讃と詠歌のそれぞれを、ご紹介しておきます。

「三宝《さんぼう》御和讃」

一、心《こころ》の闇《やみ》を照《て》らします／いとも尊《とうと》き仏《ほとけ》の／誓《ちかい》願《ねご》を冀うものはみな／南無帰依仏《なむきえぶつ》と唱《とな》えよや

二、憂《う》き世《よ》の波《なみ》を乗《の》り越《こ》えて／浄《きよ》きめぐみにゆく法《のり》の／船《ふね》に棹《さお》さすものはみな／南無帰依法《なむきえほう》と唱《とな》えよや

三、悟《さと》りの岸《きし》にわたるべき／道《みち》を伝《つた》えしもろもろの／僧伽《ひじり》に頼《たよ》るものはみな／南無帰依僧《なむきえそう》と唱《とな》えよや

「高祖《こうそ》承陽大師《じょうようだいし》道元禅師《どうげんぜんじ》第二番　御詠歌（梅花《ばいか》替節《かえぶし》）」

水鳥《みずとり》の往《ゆ》くも帰《かえ》るも跡《あと》絶《た》えて
されども道《みち》は忘《わす》れざりけり

和讃と詠歌の違いは、これで一目瞭然でしょう。曲調はみな異なり、共通するのは、仏・菩薩の功徳や、教えの尊さ、祖師の高徳さなどを称《たた》えている点です。また、祖師方の遺作であるご文章、あるいは道歌といって和歌と語調は同じですが、修行や悟りの境地を示したものもあります。

宗派によって、当然、独自の和讃や詠歌があります。詠唱も異なります。それによって、各宗派には各流派が存在します。けれども、どの流派にも優劣など論じられない、宗教的香気の豊かさ、格調の高さが伺え、感動させられます。

これらの和讃・詠歌の根源となるものはといえば、声明《しょうみょう》にあります。もともとの意味は、「音声・言語の学問で、サンスクリット語シャブダ・ヴィディヤー（śabda-vidyā）で、儀式に用いる讃歌。節をつけて経文を諷誦《ふじゅ》することを梵唄《ぼんばい》ともいう」（『仏教語大辞典』＝中村元）のです。

イスラム教のコーランが町中に響く――。そんな場面をテレビで観ることがあります。声明を知っている人ならば、東西の宗教の連なり、類似点を聞き分けることが出来るでしょう。

その声明は、奈良時代（七三六年）にインド僧によって唱法が伝えられ、さらに中国・唐からの帰化僧からももたらされたといいます。

それが天台宗声明、真言宗声明を代表格に、日本のあらゆる声楽の基ともなったのです。

御詠歌・御和讃を通して、大いに法悦《ほうえつ》にひたって下さい。

（平成二十三年七月・記）

質問⑦ 巡礼初心者の心《こころ》得《え》は？

巡礼ブームと聞き、私も友人と計画しています。初心者の心得を教えて下さい。

民主党躍進のかげで、鳴りをひそめた感の菅直人・前代表ですが、今度は頭を丸め、白装束のお遍路姿で再登場。世間は〈アーッ！〉、〈エーッ？〉と関心を集めています。（平成十六年当時）

疑心暗鬼は政界の常で、いろいろ取沙汰する向きもあるようですが、本人が〈政治家として初心に帰るべく「反省」の巡礼をしている〉というのですから、ソッとしてあげたいものです。

ところで、作家・五木寛之氏による『百寺巡礼』も、たいへんな売れ行きを見せているようです。本ばかりでなく、テレビでも紹介され、これも関心の的のようです。

こうした面から見て、この秋は弥《いや》が上にも「巡礼ブーム」に拍車がかかるのではないかと、恐しくも楽しく、その日を待っている一人です。

いつもながら思うのですが、ブームというものはとかく曲事《くせごと》で、本質を見失なわせます。質も低下させる。これが懸念材料です。

「猫も杓子《しゃくし》も」とはいいたくないのですが、観光やレジャーに終始して、顰蹙《ひんしゅく》を買う人々は少なくありません。品《ひん》とは人や物にそなわる好ましい様子。淑《しゅく》はしとやか、粛《しゅく》はつつしむこと。こんな文字に置きかえた道中でありたいものです。

装束《しょうぞく》は「さも」、「らしく」であっても、ゴミや迷惑をタレ流しするのでは、「娯楽」と「誤楽」の履《は》き違え。「聖地」に対する無礼であって、巡礼とはほど遠いものです。

「巡礼」とは聖地・霊場を回ることです。「霊場めぐり」と同意で、何も日本の寺社仏閣だけが対象ではありません。

宗教・民族紛争が絶えませんが、キリスト教徒のパレスチナ巡礼、イスラーム教徒のメッカ巡礼はあまりにも有名です。その他のどの宗教にも、必ず聖地巡礼はあるようです。

巡礼は巡礼でも、特に「遍路」といった場合は、弘法大師・空海の修行遺跡や霊場寺院、つまり四国八十八ヵ所をさし、そうする人を「お遍路さん」とよび慣わしてきました。

私にとっての遍路・巡礼は、〈歩く仏道修行〉ということになります。

釈尊がさとりを得られた後の五十年。その伝道生活の日々は、坐禅や説法で座に着く以外は、歩きに歩かれた「歩行」の結晶だと思います。

禅宗では坐禅の途中、しばし坐を立って静かに呼吸しながら歩く所作があり、これを「経行《きんひん》」といいます。釈尊の無心にして静かなゆったりとした歩の進め方、それを経行のなかに見るようです。「歩行禅の原点」、そう考えますと、巡礼の心の置きどころというものが、何となく見えてはこないでしょうか。

私も若い頃、野宿を重ねて二週間、ぶっ続けの托鉢をしたことがあります。それが「乞食行《こつじきぎょう》」で、「頭陀行《ずだぎょう》」ともいい、その意味するところは衣・食・住に対する欲望・執着をはらう修行なのです。

そんな日々の明け暮れの中で、私は多くの人々

巡礼する人々

から、あり余る程の「布施」をいただきました。それは金品に限りません。いたわり、励ましの言葉やまなざし、中には、可哀相という憐れみもありました。

それらがみんな私の心の糧《かて》になり、二十数年来、「仏教テレフォン相談」に従事する機縁の一つともなっています。

今も札所の周辺では、「お接待」と称して、飲食や巡礼の必需品（草履など）の布施、時には宿泊さえ受け入れる慣わしが息づいております。こんなに世知辛い世の中にです。物見遊山の気分を捨てれば、きっと普段は味わえない、人情の機微に触れることができると思います。

その原点は、やはり歩くことでしょう。足腰が不自由ならばやむを得ませんが、自分の足で一歩一歩、石段を踏みしめ登ってください。人情だけ

遍路で使用する笠と杖

ではありません。その一段一段に神仏との出会い、亡き人との出会い、自分自身との出会いが必ずある、と私は信じお勧めします。

　丈夫な身体でありながら、バスやタクシーの中にふんぞりかえり、朱印帳や掛軸を添乗員・運転手にまかせる「車の中のおかしなメンメン」。こともあろうに掛軸を何幅か持ちこんで、一稼ぎしようとか、値踏みするとか、巡礼の名にふさわしからぬ人もあると聞きます。

　巡礼に出掛け「バチ当り」では浮かばれません。

　　ありがたく太鼓叩いて欲があり　（柳一）

でなく、

　　寒いからやめる信心たかが知れ　（紫苑荘）

と自省し、

　　合掌で土びんを貰う永平寺　（水府）

といった有難さを味わいたいものです。

（平成十六年七月・記）

質問⑧ 「現世利益《げんぜりやく》」を仏教はどう考える？

「現世利益」をさかんに説く宗教がありますが、仏教ではご利益をどう見ますか。

仏教でも「現世利益」は説いていますが、ニュアンスの点で、かなり差異があるように思います。「溺《おぼ》れる者は藁《わら》をも掴《つか》む」といいますが、そうした切羽《せっぱ》つまった人の弱点を巧みに操る「ご利益信仰」などとは、「雲泥万里《うんでいばんり》」。まさに天地の差ほどの隔《へだ》たりがあります。

ある相談者（主婦）は溜息《ためいき》まじりに、こう嘆いていました。

〈とある病院の待合室で、塞《ふさ》ぎ込んでいた私に、声をかけてくれた人がおりました。はっきりした病名もわからず、日に日に衰えていく夫の話をしますと、何と、その方のご主人も同じ病状なのだそうです〉

まさに「同病相憐《あい》れむ」で、親近感を抱くのは当然でしょう。

〈その後、待合室で何度か出会い、不思議なご縁と心強くも感じました。その方のご主人は目に見えて快方に向かっているそうで、そのわけを聞くと、ある宗教のお陰だとか。医者も薬もアテにならないから、数日後には退院するとのこと〉

〈私も、藁にも縋《すが》る思いで入信しました。三ヵ月で起きられる。それが六ヵ月、一年となり、疑問をぶつけると、拝み方が足りない、ご供養料が少ない、不信感をもったり信仰をやめたりすると、

かえって重い仏罰が当たると……〉

こういう類《たぐ》いの現世利益は、仏教の教えではありません。

もちろん、信者として、仏・菩薩の慈悲と加護を願うのは当然の行為です。また、仏・菩薩の側も「衆生済度《しゅじょうさいど》（人々を迷いの苦海から救済して、悟りを得させること）」を誓願しておられます。

ですから、〈拝み方が足りない〉のが問題なのではなく、誠心《じょうしん》を専《もっぱ》らにして祈ることが肝要なのです。

〈ご供養料が少ない〉といった屁《へ》理屈も、生き仏・生き神サマを吹聴する側の殺し文句、常套《じょうとう》手段で、信ずるに値《あたい》しません。

即席ラーメンのようなご利益話は危険です。いつもながらのたとえでいうと、擬餌鉤《ぎじばり》という餌《えさ》の形に似せた釣り針さえあることを、ゆめゆめ忘れてはなりません。

ですから一口にご利益といっても、被《こうむ》る側が何を誓い、何を求めるのかが問題です。

こんな昔話を思い出しました。

ある男の妻が難産で苦しんでいました。男は安産成就と、妻の身体健全を神に祈りました。ご利益がいただけるなら、黄金の鳥居を寄進いたします。そう祈る傍《かたわ》らで妻がいいます。石の鳥居だって無理な家計なのに、何を寝惚けたことを。すると男は、黙っていろよ、いま神さまを騙《だま》している最中だから――。

落語に出てくる熊さんや八ッさん夫婦のやり取りのようですが、単なる笑い話ではすまされない、人間の虫のよい〝おねだり症候群〟が見て取れます。その身勝手な願いの最たるものといえば――、頃は三月花の頃、女房十八おれ二十歳。死なぬ子三人みな孝行、使ってへらぬ金三両、死んでも命があるように。

これにはさぞかし、神仏も顔をしかめたことでしょう。それほど極端ではないにしても、ご利益信仰の中には、大なり小なり、欲得尽《づく》な思いが込められているように思えます。

では仏教の現世利益は、どう説かれているのでしょう。中村元著『仏教語大辞典』によれば、「この現在の世で受ける仏・菩薩の恵み」で、「経典を信じ、これを読誦したり、身にたもったり、仏名や真言を唱えたりすることで得られる」。そして「このために祈願するのを現世祈祷といって密教では種々の修法を行」い、「浄土教でも念仏行者の受ける種々の利益をいう」とされます。

私の拾い集めた現世利益の具体的な項目は、厄《やく》除《よけ》開運・交通安全・家内安全・身体健全（病気平癒・無病息災）・商売繁盛（営業増進）・合格祈願（学業増進・進学達成）・良縁成就・子孫長久（安産成就・発育増進）・方位除災・心願成就などでした。

観音さまが何故に三十三身に身を現ずるかを思えば、まだまだご利益の願いも増えることでしょう。時代を反映して、「離婚成就」もあるかも知れません。

ただし、仏・菩薩は、人の苦悩に耳を傾けはするでしょうが、「誓願」なき者の願いには、手を染めることはしない、と思うべきでしょう。

真のご利益とは、仏法僧の三宝に帰依することが前提で、その功徳によって「感応道交《かんのうどうこう》（仏と人の念《おも》いが相通じ融合）」する時、成就すると、『修証義《しゅしょうぎ》』には説かれています。

（平成十七年十月・記）

質問⑨ 「自力《じりき》・他力《たりき》」とは何か？

仏教の修行や信仰に、自力・他力があると聞きます。その意味を教えて下さい。

釈尊が成道《じょうどう》された時のこと。仏典の伝えるところによれば――

梵天《ぼんてん》（帝釈天《たいしゃくてん》とならぶ仏教の護法神）が現われて、〈その尊い悟りの中味を、人々の救済のためにお示し下さい〉と懇請します。

釈尊は当初、〈この悟りの境地は、言葉で説示しても、かえって真実から遠ざかる。ひとり山中に隠棲《いんせい》しようか〉と思案します。しかし一方、迷い苦しむ人々を思えば、〈悟りの中にこもらず、至難《しなん》の業《わざ》とはいえ、広く世間に教えを伝えたい〉という思いも募《つの》ります。

この「梵天勧請《かんじょう》」の説話は、ほかならぬ釈尊ご自身の身の振り方、心の葛藤だったとも解されます。

仏教の「権実二智《ごんじつにち》」とは、まさにこのことだと思います。

まず「実」ですが、これは真実、究極的で、人が信ずる信じないに関わらず、永遠に変わらない理《ことわり》を意味します。そして「権」は、仏が教化のために仮《かり》にめぐらす、つまり方便としての智慧をいいます。

仏教は、この二つが、たがいに異なるものではなく、実は一如なのだと見るのです。自力と他力も、いずれが真実で、いずれが方便だというのではありません。

古人も、「わけ登る麓《ふもと》の路《みち》の多けれど同じ高嶺《たかね》の月を見るかな」と、詠《えい》じています。

病気によって専門医がおり、種々の医薬があるように、仏教の教えも「応病与薬《おうびょうよやく》（病に応じて薬を与える）」といわれます。

医療は、身体の苦痛を取り除き、健康の回復を目的とします。仏教は「安心《あんじん》」といって、宗教的な立場から、迷いによって生じる苦を解消させ、心を不動のものとします。

信仰と修行を押し極めると、「易行《いぎょう》」と「難《なん》行《ぎょう》」、二通りの登り坂が、眼前に開かれてきます。

易行というのは、ただひたすら仏を信じ、その力を頼っていこうとする。これが他力（浄土門）です。これに対し難行は、仏性《ぶっしょう》（誰もが本来もっている、仏としての本性）にめざめ、あらん限りの能力を尽くして、仏となるべく励むので、自力（聖道門《しょうどうもん》）と名づけています。

さて、それでは他力がいいのか、自力がいいのか。人はとかく、優劣をつけたがるものです。

私は曹洞宗に属する和尚ですが、公平に見て、こんな議論こそ〝愚《ぐ》の骨頂《こっちょう》〟だと思います。

というのは、一歩を踏みだす気のない人が、仏道という道の岐路に突っ立って、〈やれ右だ〉、〈いや左だ〉と、口角泡《あわ》を飛ばしているようなものだからです。

これは、余りにも滑稽、釈尊に対しては失敬というものでしょう。

たしかにお経の中には、他力を、海上を行く船のごとく準《なぞら》え、自力は、遠い陸路を歩いて行く、といった譬《たと》えもあります。親鸞聖人《しんらんしょうにん》は『教行《きょうぎょう》信証《しんしょう》』の一節で、

「他力といふは如来の本願《ほんがん》なり。しかれば、大悲の願船《がんせん》に乗じて光明《こうみょう》の広海に浮びぬれば、至徳《しとく》の風静かに、衆禍《しゅうか》の波転ず……」

と述べられております。

至徳とは、この上ない勝《すぐ》れた徳であり、衆禍は、今までのいろいろな罪や過《あやま》ちです。

こんな私であっても、阿弥陀如来の船に身をゆだね、ひとえに称名《しょうみょう》念仏さえすれば安心が得られる。これは誠に有難いお導きだと思います。

山あり谷あり、泥《ぬか》るみ、石塊《いしくれ》道。人生とは、こうした難路続きだと、誰もが実感していることでしょう。故・村田英雄の演歌にも、

〽ひとつ越えればまたひとつ　続く浮世のいばら道……

という一節があるくらいです。

しかしと私は思うのです。他力とは、本当に容易な修行でしょうか、信仰でしょうか。

「棚から牡丹餅《ぼたもち》」とはいいますが、思いもかけない幸運が、何の行為も縁もなく、転がり込んでくるわけはないのです。

仮に〝タナボタ〟で、三億円の宝くじが当たったとしても、人生ドラマは、それで終わりではありません。周囲の思わく、金の使途。予期せぬ難題が、そこら中から涌いてくる。

では、どう対処するか。そこは自力でしょう。つまり、他力の中にも、自力がなくてはならず、自力といっても、大いなる力に促《うなが》され、「生かされて」生きていることに、ほかなりません。

自力にせよ他力にせよ、いずれも信順修行に励むべきで、自讃毀他《じさんきた》（自分をほめ他人をそしる）は、仏の最も戒めるところです。

（平成二十年二月・記）

第六章

仏教のさまざまな教え

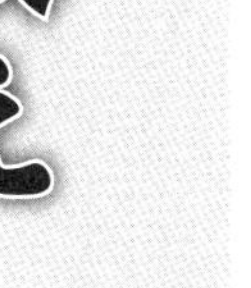

質問① 「仏陀《ぶつだ》」「世尊《せそん》」という語の意味は？

お釈迦さま（釈尊《しゃくそん》）を、「仏陀」「世尊」などと呼びます。どういう意味があるのでしょう？

「名は体《たい》を表わす」といいます。これは、名はそのものの本質、あるいは実体を、見事に物語っている、ということでしょう。

子を授かると「命名」しますが、実のところ親は、それ以前から思案投げ首の明け暮れです。古川柳にも、

思案する河童《かっぱ》あたまに水がない

とありますが、何しろ命の名、名は命。子どもの将来、禍福吉凶《かふくきっきょう》を左右するとなれば親の方は右往左往……。少々の知恵の水では、すぐに干涸《ひから》びてしまいます。

名というもの、命名というものには、そうした含みがありますから、徒《あだ》や疎《おろそ》かには扱えません。

さて、〈こうあってほしい〉〈ああなってほしい〉という思いを託するのも名前なら、〈かくかくしかじかだった〉、これも名付けの所以《ゆえん》になります。

釈尊に、さまざまな名称が冠せられたのは、まさにソレでしょう。尊い徳と行跡《ぎょうせき》はとても讃嘆《さんだん》し尽くせないが、敢えて表現するならば――。これが別称・異称を生んだ経緯だと思います。

私たちは親しみをこめて「お釈迦さま」と呼んでいますが、本名は、姓は「ゴータマ」、お名前は「シッダルタ（人として真実の義《ぎ》を達成するという

意味)」といいました。

ゴータマ・シッダルタはあらゆる修行を行い、やがて真理を悟った人として、世の人々に仰がれることになります。つまり「仏陀《ぶっだ》」です。

「仏陀」「世尊」などの敬称がある釈尊の像
（インド・サールナート博物館蔵）

ゴータマ一族、釈迦族出身の聖者ということから、ゴータマ・ブッダ、あるいは釈迦牟尼仏《しゃかむにぶつ》（牟尼は聖者の意）ともいいます。

「世尊《せそん》」は、福徳を具《そな》え、世の中から尊敬を集めた人をいい、釈尊は、釈迦牟尼世尊を省略した呼び名です。

ここまでは、釈尊お一人に関わる呼び方ですが、他に「如来《にょらい》」があります。悟りの世界から来《きた》って、衆生《しゅじょう》を救済する仏といった意味です。

この如来は、釈迦牟尼如来（釈迦如来）だけでなく、阿弥陀如来・薬師如来・大日如来など、諸仏に対しても用いています。

釈尊に纏《まつ》わる別称・異称はこれだけか、といえば然《さ》に非《あら》ず。驚かれるかもしれませんが、実はまだまだあるのです。

「如来の十号《じゅうごう》」というもので、私たち曹洞宗を例にとれば、仏像・位牌《いはい》・石塔、仏壇の入仏供《にゅうぶつく》養《よう》の点眼《てんげん》（一般的には開眼《かいげん》、魂入れなどという）には、必ず唱えます。

「南無如来《なむにょらい》、応供《おうぐ》、正遍知《しょうへんち》、明行足《みょうぎょうそく》、善《ぜん》逝《ぜい》、世間解《せけんげ》、無上士《むじょうし》、調御丈夫《じょうごじょうぶ》、天人師《てんにんし》、仏世尊《ぶっせそん》」

この中の如来・仏世尊は、先ほど一応触れておりますので、その他の呼称について、手短に説明したいと思います。

「応供」は、世の人々から尊敬され、供養に応じられるだけの徳を具えている大導師。

「正遍知」は、正《まさ》しく、遍《あまね》き智慧を有していることで、時間・空間を超えた完全な智慧を持つ人。

「明行足」は、修行の実践と、智慧の働きが明らかに完成した人。

「善逝」は、読んで字の如く、よくゆきし人。ですから苦しみの下界から登りつめ、悟りの世界に到達した人。

「世間解」は、世間の事柄や人々に止まらず、世界の全ての現象に通じている人。

「無上士」は、煩悩《ぼんのう》という煩悩は全て断じ、人々の中でこの上なく勝《すぐ》れた人。

「調御丈夫」は、馬の調教師、あるいは御者《ぎょしゃ》のように、人々の資質を推し量《お》《はか》り、進むべき正しい道に誘《いざな》う練達《れんだつ》な人。

「天人師」は、天上界・人間界、つまり神々や人々を救済する人。仏教では天人五衰《てんにんごすい》といって、天上界に住む神々も、寿命が尽きれば死を迎えると説きます。五衰とはその特徴が五つあって、仏の教えに従えばそれを免《のが》れられるのです。

以上の説明中、それぞれ「人」と記しましたが、意味するところは「仏」に他なりません。

このように、釈尊の徳と行跡は、次第に多くの呼び名となりました。その呼び手は、いうまでもなく帰依《きえ》する弟子や人々でした。仏の功徳の広大さが、こうした呼び名からも伺えます。

世の中には、ともすると擬《まが》い物が横行することがあります。「尊師《そんし》」を自称する輩《やから》が若者を惑わせ、無慚《むざん》な事件を起こした例もあります。

ところで最近、ハテナ？ と思うのが〈家《うち》の奥さん〉。奥さまの軽い尊敬語とはいえ、自画自讃に等しい。〈お宅の〉と他人が認めるべき敬称を、夫が、しかも誇らしげに――。めくじらを立てるほどのことはないにしても、なんとなく軽薄さを感じます。

（平成二十一年四月・記）

質問②　「菩薩《ぼさつ》」とは何か？

仏教では「菩薩道《ぼさつどう》」を説きますが、菩薩とは、具体的にどんな方ですか。

仏道修行の眼目《がんもく》は、真理を求め悟りを開くことに尽きるでしょう。

しかし、それが自分のためだけに終始するとしたら、果たして釈尊のご真意に適《かな》うのだろうか。たとえ自らの苦悩は解消されたとしても、それが究極の満足といえるのだろうか――。

日本に伝えられた大乗仏教は、「菩薩」の存在を、こうした観点から描き出しています。

勿論《もちろん》、「悟りの成就《じょうじゅ》をめざして修行する求道《ぐどう》者」ではあります。また、前世において修行を重ねた釈尊をいう場合もあります。これを「自利行《じりぎょう》」といっています。

それを踏まえながらも、世の人々の苦悩に耳をそばだて、手を差しのべて苦楽を共にする「利他行《りたぎょう》」の人を、菩薩とよんでいます。

仏典には、観音《かんのん》・地蔵《じぞう》・勢至《せいし》・文殊《もんじゅ》・虚空蔵《こくうぞう》

地蔵菩薩の絵像

――、その他にも数多《あまた》の菩薩が登場します。中でも庶民信仰として、私たちに身近な菩薩といえば、観音さま、地蔵さまが代表格といえるでしょう。

観音さまを例にあげますと、顔・姿から拝察されるように、深い智慧と豊かな慈悲を湛《たた》えておられます。

観世音菩薩の絵像
（観自在菩薩とも）

救いを求める声を聞き届けてくれるから「観《かん》世音《ぜおん》」。智慧と慈悲を自由自在に働かせるから「観自在《かんじざい》」。この二通りの命名は、菩薩の精神を如実に物語っています。

日本の仏教界で、菩薩と仰《あお》がれた方の第一人者は誰かといえば、行基《ぎょうき》菩薩（六六八～七四九）その人でしょう。

この方は奈良時代の方で、十五歳で出家。自らは戒律厳しい修行と経典の学習に、寝食を惜しんで精励《せいれい》を重ねました。

西暦七〇四年といいますから三十六歳の頃に、山林修行をやめて故郷にもどります。そして生家を寺に改めて布教の拠点とし、人々に安《あん》心《じん》（仏法によって心の安らぎを得て、物事に動じない境地）を説く日常生活を送ります。

山林を離れた理由として、一説には、母への

行基菩薩の像

孝養《こうよう》を尽くすためでもあったとされます。それはともかく、その母の死を契機として、以前にも増して、民衆救済に力を尽くされたと伝えられます。

行基菩薩の菩薩たる所以《ゆえん》は、単に人々に仏の教えを広める（布教）だけにとどまらなかったことです。自らが教化《きょうけ》（人々を教導感化して善におもむかせる）の先頭に立ち、実践する姿を通して、「大乗仏教」の何たるかを示したのでした。

たとえば、徳を慕《した》って集まった人々と手を携《たずさ》え、寺院の建立《こんりゅう》はもとより、堤防《ていぼう》や橋梁《きょうりょう》、船《ふな》着場《つきば》を施設《せせつ》し、地域社会の向上にもつとめられました。さらには「布施屋《ふせや》」といわれる無料宿泊所を設けるなど、今日でいう福祉事業にも、多大な足跡を遺しておられます。

このように、菩薩とは、仏の道を志し、仏の座に至る力量を深めながら、そこに安住することを求めないのです。娑婆《しゃば》世界（常に苦悩を堪《こら》え忍ばなければならない現実の世界）に身を置き、釈尊の掲げる幸福への道に導く人は、みな「菩薩」ということになります。

諺《ことわざ》に、「無くて七癖　有って四十八癖」とあります。人の思いはさまざまです。「十人十色」ともいいます。人の迷い、悩み苦しみも千差万別でしょう。

そうした人々と接し、少しでも和気あいあいと生きるためには、菩薩の深い智慧にあやからなくてはなりません。

信頼しあえる関係も、欠かすことは出来ません。自我・自愛を先に立てては、ギクシャクするばかりですから、ともかくは一度、相手の立場に立ってみることです。

ボランティア活動にしても、善意の押し売りは臭気芬々《しゅうきふんぷん》、鼻持ちなりません。頼みになる人は「他の身」になってくれる人です。

仏教では、これを「応化《おうげ》」とか「応現」といいます。その時・その場・その立場に臨んで〈ヘンシーン！〉するのです。

私の知人が住職していた寺に、「百観音　明治寺」があります。墓地はなく、いわゆる信者寺でした。

いろいろなイベントに精を出す、多忙な和尚でした。私はよく冷やかしをいったものです。〈練馬にあって目白押しだね〉。〈オヤオヤ、今朝の観音さまは電話番かい？〉。

私にしても、孫にとっては〈ジィジ〉ですから、その時は、ひたすらジィジに徹します。時には父親、時には和尚。場面も立場もさまざまです。だから自分に言い聞かせます。〈ワンパターンとマンネリ、そしてボサァッとしていては、菩薩にはなれませんよ〉と。

（平成二十二年九月・記）

質問③ 仏教はなぜ「無我《むが》」を説くのか？

「自我のめざめ」は大切だと思うのですが、仏教はなぜ、「無我」を説くのですか。

鏡の中をのぞいて、はじめて自分の顔がわかるように、何かに映し出さないと、自分の存在というものがよく見えてきません。

街中《まちなか》で、ショーウィンドーをのぞいているご婦人方に、ときどき出合います。フト気づいたのですが、中の品物を見ている人ばかりではないようでした。ガラス越しに、今日の化粧具合、ファッションを試し見ている素振《そぶ》りです。

ところで、姿・形ならともかく、心となるとどうでしょう。そう容易《たやす》く映し出せるものではありません。

辞書によれば、「認識・感情・意志・行為の主体としての私を外界の対象や他人と区別していう語」、これが「自我」とされます。

この範囲の解釈ならば、「自我のめざめ」を、ことさら否定することもなさそうです。しかし自我には、足にロープが絡んだような、利己的・自分本位（エゴイスティック）な要素が、纏《まと》わりついて離れません。

仏教が「無我」を説く所以《ゆえん》は、ここにあります。

エゴとしての自我は、自分の考えや言行に制約され、あるいは圧迫されて、つまりは、悩みのタネや苦しみの素を生じさせる。その自縄自縛《じじょうじばく》（自分が自分に縄をかけ縛る）の縄を解き放すのが、無我の教えです。

この自縄を仏教の言葉に置きかえるとすれば、「見惑《けんわく》」に該当すると思います。見《けん》は、一般的にいえば、見るという働きを指しますが、仏教的には、誤った見解という意味に用います。

生身《なまみ》の人間は、どうしても自己中心的な思いに左右されがちです。それは、個人にとどまらず、我が家、我が一族、我が国の利益というように、際限というものがありません。そこから生ずる、間違った考えや迷いを、見惑というのです。

「思惑《しわく》」もあります。これをたとえれば自縛となるでしょう。毎日の生活の中で、私たちはいろいろな事をしているわけですが、その行為を狂わせるような、さまざまな迷いが起こるものです。

これら二つを合わせて、「見思惑《けんじのわく》」といいます。

ここで、無我という境地を具体的に知っていただくために、もう少し見惑に触れてみたいと思います。いわば、自我という毒茸《どくきのこ》を見分ける、コツを探る試みです。

①身見《しんけん》（自分の立場・境遇などを全てに優先させて扱う）

②辺見《へんけん》（一方的・一面的に物を見、判断してしまう）

③邪見《じゃけん》（因果の道理に暗く、邪《よこしま》な考えに走る）

④見取見《けんじゅけん》（自分の思い込みを肯定《こうてい》し、決めたことに執着する）

⑤戒《かい》（禁《ごん》）取見《じゅけん》（正しくない制度でも、それを鵜呑《うの》みにして譲らない）

以上、五つの見惑を挙げましたのは、これらの誤った見解が、結局は、迷いと苦しみを生む因《いん》となるからです。その点を反省して、自分の心の根底に生ずる、自我の片々《へんぺん》を取り除くのが、無我の行《ぎょう》というものです。

とはいうものの、掃除機のように、そう安々《やすやす》とゴミやチリは除き切れません。思惑という実際の行為による自我にも、五つが数えられます。

①貪《とん》（むさぼる心）／②瞋《しん》（腹立つ心）／③痴《ち》（道理や事情に暗い）／④慢《まん》（自分の力量を過信する）／⑤疑《ぎ》（うたがう・不信）

さらに加えれば、五欲もあります。第一が色欲《しき》。島倉千代子の歌にある、〽男もいろいろ女もいろいろ……。

第二は食欲。単なる空腹を満たすことを超えて、あれがとか、あれもとかいう欲もあります。第三は財欲。第四は名誉欲。第五は睡眠欲。適度な睡眠は必要ですが、のらくらして働かないことを〈惰眠《だみん》をむさぼる〉といいます。

これだけ挙げただけでも、無我に到る道は多岐《たき》に渡り、難路《なんろ》といわなければなりません。

そこで一端《いったん》、出発点にもどってみましょう。つまり無我とは、自分や全ての存在、あらゆる現象というものは、実は、数えきれないほどの因と縁《えん》との和合《わごう》によって成り立っている、ととらえるのです。だから、自我ではなく仮我《けが》で、エゴや自己主張で事足《ことた》れりとはならないのです。

私の小話――。〈ヒルトンホテルのディナーショー、よかったわ、美川憲一もお料理も！〉。〈誘ってくれれば良かったのに……〉。〈でも、お高いのよォ〉。すると、もう一人の女性が言葉を挿《はさ》みます。〈わたくしィ、クラシックでないと――〉。

「自我のめざめ」も、こうなると、眠らせた方がよさそうです。

（平成二十四年八月・記）

質問④ 「中道《ちゅうどう》」とは何か？

仏教の根本的な教えとして、「中道」という語を耳にします。どんな意味ですか。

今冬（平成二十三年）は、雪を見るのは珍しいという地域でも、豪雪に見舞われる異状な気候でした。体温をこえる、熱暑が続いた昨夏と思い合わせると、いかに夏は夏なり冬は冬なりとはいえ、余りの極端さに閉口します。

それは日本ばかりでなく、たとえば渇水《かっすい》や洪水などをふくめ、世界の各地で異変が起き、被害も甚大《じんだい》です。

こうした環境に置かれてみると、いまさらのように、程よく均衡《きんこう》の保《たも》たれた季節の味わいや、生活の営みの有難さが身にしみます。この「程よく、均衡の保たれた」状態を、人としての生き方に当てはめた教えが、「中道」といわれるものです。

言葉を変えれば、「両極端のどちらにも偏《かたよ》らず、調和のとれた生き方をする」ということです。

ある日の釈尊が、踠《もが》き喘《あえ》ぎながら苦行している修行僧に、一つの譬《たと》えを示されます。

私流に意訳すると、琴を弾く時に、弦を張りすぎても緩《ゆる》めすぎても、妙音《みょうおん》を醸し出すことはできないだろう。修行もまた、ピリピリ（緊張）しすぎてもダラダラ（放逸《ほういつ》）していても（さとりの）効を奏することはできない。バランスのとれた修行態度で励むべきである――と。

また釈尊は、苦と楽を挙げて、中道をわかりやすく説かれています。

「人々はとかく二つの極端に陥《おちい》っている。一つは、欲楽にふけること。もう一つは、逆に過激な禁欲を科し、苦行にのめり込むこと。楽と苦、この両極端に身と心を委《ゆだ》ねている限りは、さとりを得ることはできない」

先ほどの琴の弦を思い起こすならば、緩くては鳴りません。締めすぎてはプツリと切れる。つまり究極の妙音（さとり）を得ることは不可能となります。

そこで、中道に徹することこそが、「無明《むみょう》」（生《しょう》・老・病・死などのすべての苦をもたらす原因。あるいは愚かさや迷いなどの根本煩悩《こんぽんぼんのう》）のなくなった境地（涅槃《ねはん》＝ニルヴァーナ）に達するとされるのです。

ところで、この中道の思想は、決して雲の上の話ではありません。私たちを取り巻く、あらゆる生活環境の中で、大切な指標となるべきものを物語るものです。

過去に、中道政治・中道政党といったスローガンがもて囃《はや》されたことがありました。今日ではマニフェストさえ綻《ほころ》び、色褪《いろあ》せていますが、中道の精神こそ、本当は「ねじれ」の解決策なのです。

飽食偏食にしても、栄養のバランスをくずし、病を生じさせますし、余りの空腹は、体力・気力を減退させます。血圧にしても、高血圧症・低血圧症があるでしょう。

偏らない生き方・中道を考えていると、なぜか、子どもの頃に遊んだヤジロベェが思い出されます。右と左、オモリのバランスによって、ヤジロベェはゆれ動きながらも、正しい姿勢を保とうとしています。

どちらかに少しでも重心をかけると、グラグラッと一方に傾き、ついには台の上から転げ落ちてしまう。起きあがろうともがいても、おもりは一方の手をしぼりあげています。

痛さと焦り、苦悩は、ますます身と心を責めさいなむに違いありません。

人間の生きる姿と、ヤジロベェを重ね合わせてみると、そんな光景が描き出されます。そして、偏らない状態こそ、スッキリとした心境で、オモリの重圧さえ感じさせないのだと理解が及びます。

後生大事《ごしょうだいじ》とにぎっていたものを、一端、手放して見つめ直す。これを禅語では「放下著《ほうげじゃく》」といいますが、人間には、どうしても「有所得」の心理がはたらきます。何か物にしてやろうという下心です。

道元禅師は、何ものにもとらわれず、また求めない心境で、坐禅をしなさいとすすめられています。それが「只管打坐《しかんたざ》（ひたすら坐禅するのみ）」です。

坐禅の坐は、向きあう二人が、ヒザをつけてすわるという形によります。他人と自分と見ることもできます。自分の中の相反する思いとすることもできるでしょう。

坐はまさに私というヤジロベェといえます。頃は三月彼岸《ひがん》の月です。「暑さ寒さも彼岸まで」といいます。それは、暑からず寒からずというバランスのとれた季節感と、何ごとにも偏らない生き方（中道）という、仏教の人生観による行事が、本来の彼岸会《え》の意味でもあります。

（平成二十三年一月・記）

質問⑤ 「四苦八苦《しくはっく》」の意味は？

日常会話の「四苦八苦」は、仏教語だとか。具体的意味を教えて下さい。

「四苦八苦」を数字に置きかえ、掛け算すると（4×9 ＋ 8×9）36と72。これを足すと、百八の煩悩《ぼんのう》と同数になりますから妙です。

数字の遊びはさておき、苦と感じるものにも、いろいろあります。ある歌謡漫談《まんだん》。三味線《しゃみせん》とギターにのせて、その一人が唸《うな》ります。

〽金もいらなきゃ女もいらぬ　私《わた》しゃも少し
背がほしィ……

本音は、お金だっていらないわけではないでしょう。女性にもモテたい。そのための目先の苦は、背が低いということ。

もっとストレートなのが、「世の中に金と女は仇《かたき》なり　早く仇にめぐり合いたい」という狂歌。

こんな笑ってすませる苦がある反面、抜き差しならぬ苦も、現実社会には横たわっています。年金、医療、職種による経済的生活苦がソレです。のみならず、世相万般《せそうばんぱん》が衰退し、人に譬《たと》えれば瀕死《ひんし》の重傷……。ですから、立っているだけで精一杯、立っていられるだけメッケ物（見つけものの訛《なまり》）という、深刻な状況です。

といって、政治家を突いたところで、「暖簾《のれん》に腕押し」「糠《ぬか》に釘《くぎ》」。彼らも苦しんでいるのです。改革に？　政権に？　一票に？

年配の人はと見れば、とかく〈昔はよかった〉

などと愚痴《ぐち》をこぼします。しかし冷静に顧《かえり》みれば、その時代にはその時代なりの、物心両面にわたる困苦・欠乏はあったはずなのです。

呑《の》みこんでしまえば、苦《にが》い薬も苦くなくなる。糖衣錠《とういじょう》だからといって、いつまでも口に含んでいれば、舌に不快が残ります。

苦というものも、この「呑みこみ」が大切です。言葉を替えれば、「了解する」ということです。躊躇《ためら》い、いつまでも舐《ねぶ》っていては、苦から逃れることなどできません。

釈尊は、「人生は苦なり」と説かれました。これが、ご自身の出家に至る動機であり、仏教の教えの起点でもあります。

起点があれば、当然、終着点も用意されています。解脱《げだつ》、悟り、涅槃《ねはん》ということですが、平たくいえば、「苦からの解放」です。

その暁《あかつき》には、真の功徳、利益《りやく》を自らのものとして楽しむことができるというもので、これが「自受用三昧《じじゅゆうざんまい》」の境地です。

とはいえ、人生もマラソン同様、スタートを切ったら必ずゴール・イン。そんな虫のよい保証はあり得ません。そこには辿《たど》るべきコース、道筋というものがあります。つまり、因《よ》って来たる苦とは何か、その追求が、コース上に展開されなければなりません。

釈尊の苦に対するスタートは、誕生わずか七日目にして、実母・摩耶夫人《まやぶにん》を亡くされたこと。そして常に大国の脅威にさらされる、小国の太《たい》子《し》（王子）という境遇でした。

聡明な太子であった釈尊に、やがて苦に対する一大転機が訪れます。老・病・死人の姿に間近に接した折り、それは「わが身の人間苦・人生苦」と悟るのです。

とかく人は、好ましいものには目をうばわれがちです。反面、不快に思うものには目をそむけ、見て見ぬふりをする性癖があるものです。

しかし、釈尊においては、積極的に苦の根源、本質を明らかにすることでした。これを「苦諦《くたい》」といいます。匙《さじ》を投げるのではなく、明々白々《めいめいはくはく》にするのです。

それを具体的に示したのが「四苦八苦」です。四苦は生《しょう》・老《ろう》・病《びょう》・死《し》ですが、なぜ祝福されるべき生が苦なのかといえば、生まれたからこそ、老病死がもたらされることによるからです。次の八苦は、余り一般的には知られていません。別な八項目があるわけではなく、四苦と四苦で構成されています。

先の四苦に続いて、まずは「愛別離苦《あいべつりく》」。愛するものとの別離は、胸がしめつけられるほどの苦悩です。その逆に、怨みや憎しみが募るものとの出会い。これも苦しみで「怨憎会苦《おんぞうえく》」。「求《ぐ》不得苦《ふとっく》」は、喉《のど》から手が出るほど欲しいが得られない焦燥感《しょうそうかん》、その苦しみ。

最後の「五陰盛苦《ごおんじょうく》」は、五陰（五蘊《ごうん》に同じで色《しき》・受《じゅ》・想《そう》・行《ぎょう》・識《しき》をいう）という肉体（物質）と精神作用が旺盛《おうせい》、それ故の苦しみです。存在欲・生存欲も、手綱《たづな》無しでは単なる暴れ馬で、人を損《そこな》い、自らも傷つきます。

前段の四苦は、自然現象に依《よ》るところが多く、後段の四苦は煩悩に関わるでしょう。さぁ、シッカリ呑みこんで、人生の活力にして下さい。

（平成二十一年六月・記）

質問⑥ 「懺悔《さんげ》」とは何か？

欧米の映画で、神父にザンゲしている場面がありますが、ザンゲは仏教語だとか……。

ザンゲは、英語ではコンフェッション（confession）です。片仮名ですと、英語かと錯覚しがちですが、正真正銘、仏教の専門語で「懺悔」と書きます。発音は通常、濁《にご》らずに「さんげ」です。

懺も悔もまったく同じ意味で、平易に解釈すれば、「犯した罪、過《あやま》ちを悔い改めること」、あるいは、「仏の前において告白し、許しを請《こ》うこと」になります。

なぜ同じ意味の語が重なっているのか。それは、サンスクリット語（梵語《ぼんご》）の、クシャマ（kṣama）を音写《おんしゃ》した文字が「懺摩《さんま》」で、この原語を意訳したのが「悔過《けか》」だったからです。

懺悔が、仏教の歴史の中で、どのように位置づけられていたか。これを知るためには、いつもながら『仏教語大辞典』（中村元・著）に頼るのが、最も適切だと思います。

懺悔の項目は、かなりのスペースで、かつ具体的に述べられていますが、抜粋してみましょう。

「原始仏教では、比丘《びく》は自分の犯した罪を釈尊または長老に告白して裁きを受ける」

「比丘は半月ごとに集まってウポーサタ（布薩《ふさつ》）という儀式を行ない、戒律の箇条《かじょう》が読みあげられるのにつれて、罪があるときは自分で申し出た」

「その際、譴責《けんせき》する比丘は次のような注意を守らなければならなかった」

「①時に応じて語る。②真実をもってする。③柔軟に語る。④利益のために語る。⑤慈心をもって語る」

「自発的にせよ、自己のすべてをさらけ出すことであったから、細心の配慮がなされていた」

抜粋した部分だけを見ても、現代社会が改めて考えるべき要素が示されていると思いませんか？

それは、懺悔が、自発的に行われることを意図している点。また自覚を促すために、手立てを講じているということ。さらには、裁く側の謙虚さ・自制心などです。

最近、問題視されている、検察・警察の、容疑者に対する調書の改竄《かいざん》、それによる冤罪《えんざい》など、職務に関わる者の謙虚さが問われています。

検挙する側の立場に求められる謙虚さ。そして、真実に照らして自発的に告白させる姿勢——。証拠とは、そのための手立てでしょう。

東京電力の原発事故、電気料金の上乗せ……。九州電力・玄海《げんかい》原発をめぐる「やらせメール」問題も如《しか》りです。

事実が明るみに出るまでは、言い逃れ、小出しにする。露見すると、決まり文句の「申し訳ありませんでした」の、超低姿勢。あの背中まで見せる姿には、チョームカツク人々の批判の声を、ただ遣《や》り過ごす背信行為としか見えません。

セシュームや、ストロンチュームの除染《じょせん》は急務のことですが、こうした企業や人々、政治家も含めて、心の除染が必要なのではありませんか。

つまり懺悔です。洗い浚《ざら》い悔い改めて、出直しすることです。まやかしの懺悔など、少なくとも神仏には通じないことを、大いに自覚してほしいものですが……。

さて、仏教の説く懺悔の方法には、大きく分けて、事《じ》懺悔と理《り》懺悔の二通りがあります。

事懺悔とは、身《しん》・口《く》・意《い》（行為・言葉・心に思う）の三業《さんごう》（三種のハタラキ）を、釈尊や祖師の示された教えや、儀式作法に則《のっと》り、罪障《ざいしょう》を消滅させるというものです。

曹洞宗に、『修証義《しゅしょうぎ》』という経典があります。その第二章が「懺悔滅罪《めつざい》」で、「仏祖《ぶっそ》憐《あわれ》みの余り広大の慈門を開き置けり、是《こ》れ一切衆生《いっさいしゅじょう》を証入《しょうにゅう》せしめんが為《た》めなり」と記されています。

先に述べた五箇条の、「⑤慈心をもって語る」を裏付けるご文章だと思います。そして第二章の終わりには、「心念身儀発露白仏《しんねんしんぎほつろびゃくぶつ》すべし」とあります。三業を挙げて罪悪を自覚し、ありのままを曝《さら》け出して、仏祖に告白するのです。

それによって仏祖の冥助《みょうじょ》（加護）が得られ、罪障の根源までも清浄になるとの教えです。

理懺悔とは、本来、罪障はないという立場です。空《くう》を説く仏教からすれば、罪障は妄想によって引き起こされるから、正しい坐禅で身を調《ととの》え、全てのものの真実の、ありのままの姿を内観せよというのです。

懺悔がなぜ強調されるのか。人はとかく、自分の利益を先とするから、罪障の囲い者になってしまう。懺悔を通じて、「忘己利他《もうこりた》（自己主張を止めて、人々の利益に尽くす）」を奨《すす》める道を切り開くのです。我欲にとらわれていた過去が悔やまれる、「もう懲《こ》りた」と思う心です。

（平成二十三年十月・記）

質問⑦ 「回向《えこう》」とは死者を供養すること？

仏教では「回向」を強調しますが、亡くなった人だけに関わる言葉なのですか。

「回向とは、亡き人、つまり死者への供養《くよう》を意味する言葉」。この理解度が、わが仏教国・日本の現状で、常識と思われています。

つまり、日常生活には関わりない、葬儀や法事の折りに限定された、特殊用語と化しているのです。こういった現象は、私たち僧侶としても、反省材料とすべき点です。

たしかに、葬儀・法事の場において、僧侶に読経を依頼するのは、その功徳《くどく》を亡き人に回《めぐ》らし、手向《たむ》けるためなので、間違いではありません。

ところで、よく耳にする質問が〈法事は、しなければいけませんか？〉〈塔婆《とうば》は、建てなければいけませんか？〉。恰《あたか》も、死んだら無縁の「生《い》け間専科《ませんか》」。こんな人に比べれば、回向を、死後の安穏《あんのん》を願うこと、と解釈できる人がいるのは、大《おお》袈裟《げさ》ながら、まだ日本人の救いです。

しかし仏教の説く回向は、これにとどまるものではありません。

私たち仏教徒は、日々の勤行《ごんぎょう》や法要などの終わりに、「回向文《もん》」を唱えます。誰のために、何のために経を唱え行《ぎょう》をしたのか。書画でいえば、為書きのようなものです。

その回向文の一つに、「普《ふ》回向」があります。禅宗などでは、

願《がん》以《に》此《し》功《く》徳《どく》　普《ふ》及《ぎゅう》於《お》一切《いっさい》
我《が》等《とう》与《よ》衆《しゅ》生《じょう》　皆《かい》共《ぐ》成《じょう》仏《ぶつ》道《どう》
（願わくは此《こ》の功徳を以《も》って普《あまね》く一切に及ぼし　我《われ》等《ら》と衆生と皆共《みなとも》に仏道を成《じょう》ぜんことを）

と唱えます。禅寺では、食事をいただく時、「五《ご》観《かん》の偈《げ》」（本書169～171頁で解説）を唱え、食後にもこの普回向を唱えることになっています。

浄土宗などでは「願以此功徳」の後、「平《びょう》等《どう》施《せ》一切《いっさい》　同《どう》発《ほつ》菩《ぼ》提《だい》心《しん》　往《おう》生《じょう》安《あん》楽《らく》国《こく》」となります。

道元禅師

この普回向にあるように、回向は、すべての人々や生きるもの一切に、平等に功徳をめぐらすことにより、自他の別なく、ともに救われることを主眼としているのです。

『正法眼蔵随聞記《しょうぼうげんぞうずいもんき》』には、もう少し高い角度から、この回向が語られています。『随聞記』は、道元禅師《どうげんぜんじ》（永平寺開山）が、修行僧に親しく物語りされた話を、二代目の懐《え》奘《じょう》禅師が記録されたものです。その懐奘禅師自らが、道元禅師に問われています。その一部を抜粋して、回向というものを考えてみたいと思います。

「父母の報恩《ほうおん》等の事、可作耶《なすべきや》」が懐奘禅師の問いです。これに答えて――、

「孝順は尤《もっと》も所用也《もちいるところなり》」。つまり大事なことで、在家の人は父母の生きている間、死に至っても、報恩の思いで仕えるべきことを知っている。ところで、出家となれば、「恩を一人に不限《かぎらず》、一切衆生斉《ひと》しく父母の恩の如く深しと思《おもう》て」、一心に仏道修

行に励んで、衆生済度《さいど》に尽くすべきである、と。

話はさらに続くのですが、仏道の人は、親の恩の切実さを転じて、広く世の中に振り向けていく。そこに回向というものの心髄《しんずい》があるというお示しです。

翻《ひるがえ》って世の中を見渡しますと、血縁・地縁・職場の人間関係も、回向がスムーズに行き届いていないのではないか。そんな感触を抱《いだ》きます。エコーが効いているのは、せいぜいカラオケボックスぐらいなものでしょう。

国の政策と国民生活の関係もしかり。年金問題に端を発したムダ使い。道路特定財源の見直しと一般財源化。後期老人医療制度の問題等々。いずれも回向とは程遠い、空回《からまわ》りの連発です。一人一人の納税は、たいした額にはならないにしても、その血と汗と涙の結晶は、塵《ちり》も積もれば山となります。それが弱者に回り向けられることになれば、それこそが「回小向大《えしょうこうだい》」というものでしょう。

何とか善因善果《ぜんいんぜんか》としたいものですが、どうも今のこの国には、こうした哲学がはなはだ乏《とぼ》しいように思われてなりません。

曹洞宗に、高田道見《どうけん》という善知識《ぜんちしき》がおられました。明治時代に活躍されたこの老師の一文に、「世間の事々物々凡《およ》そ回向ならざるものはなかるべし。商人の物品売買するも、農人の耕作するも、職工の職務に勉励するも、官吏《かんり》の国事に勤勉するも、教法者の布教に尽力するも、皆是《こ》れ夫々《それぞれ》の回向する所なくんばあらず」とあります。

回向する心こそ、混迷の世間を治めるカンフル剤です。


（平成二十年五月・記）

質問⑧ 「ウソも方便《ほうべん》」の真意とは？

仏教では「方便」を説きますが、なぜ「嘘《うそ》も方便」などと使われるのですか。

方便とは、サンスクリット語のウパーヤ（upāya）を訳した語です。ある目的に近づく、あるいは到達するために用いる、方法や手段をいいます。

嘘にも、共通した面があります。真実とか事実を話しても、そのままでは理解も納得もされない。そこで摩《す》り替《か》えて物事をいうのです。

たとえば、私たちが幼少の頃、親からよく聞かされた言葉――。

〈いつまでもお腹《なか》だしていると、雷さんに、おヘソ取られちゃうぞう〉。裸で走り回っていた子も、恐くなっておヘソを手で被いながら、母親の膝《ひざ》に大人《おとな》しく座ります。すると素早く、金太郎の腹掛《はらがけ》が巻かれます。

〈ウソをつくと、閻魔《えんま》さんに舌を抜かれるんだからな〉。これも効き目がありました。

成長して知恵が発達すれば、嘘だったことは明々白々《めいめいはくはく》です。それを承知で、幼い子どもに嘘をつく。

「嘘も方便」ということは、この限りにおいては、仏教も許すところでしょう。というのも、はじめに述べたように、「ある目的に到達する方法・手段」が問題なのです。

お腹が冷えないように、正直に生きてほしい、そういう身と心の健康を案じての親心が、根底にあるからです。

一般的にいう嘘には、人目《ひとめ》を欺《あざむ》き騙《だま》すという意味が込められていて、自分の正当性を主張するためや、利益追求の、道具に使われる場合が極めて多いのです。

過去の、大気汚染、排水・廃液による河川や地下水の汚濁《おだく》。あるいは医薬品・農薬などの薬害。そして今日《こんにち》の原子力発電所の事故など、その原因究明の経緯を見ても、嘘の悪用が感じられてなりません。

雷と閻魔のたとえを挙《あ》げましたのは、嘘は嘘でも、そこには、相手に対する思いやりがあってのこと。この点を分けて考えたいからです。

前後の思慮もなく、闇雲《やみくも》に「嘘も方便」などと決め込まれては、たまったものではありません。このことは、企業ばかりでなく、政治家・官僚はもとより、私たち庶民の日常にもいえることでしょう。

仏教の眼目《がんもく》は「衆生済度《しゅじょうさいど》」にあります。人々を導き、苦悩から解き放つのです。その方法・手段には、慈悲がなければなりません。そして智慧のはたらきも重要です。

さらにいえば、真実に到るための、いろいろな修行方法や工夫がありますが、これもまた、方便ということが出来るでしょう。

経典の中には、さまざまな比喩《ひゆ》が鏤《ちりば》められています。比喩を用いること自体が方便ですが、その内容には「仏は方便を以《も》って仏法を説かれます。修行者は、その教え通りに実践すれば、悟りが得られます」として、「深水《しんすい》は船によって渡るを得るが如し」というものがあります。

方便を船になぞらえ、その力、はたらきの重要なことを示されています。なぜなら、前述のとおり、仏教は衆生済度が眼目だからです。『法華経』という有名な経典があります。全部で二十八品《ほん》。品というのは章ということですが、その第二番目に「方便品《ほうべんぼん》」があります。

方便について、このお経は大凡《おおよそ》、次のように説いております。

「諸仏の智慧《ちえ》は計《はか》り知れない。その智慧の門は理解しがたく、また入りがたい」

「仏は、いまだかつてなかった、このうえなく深い教えの奥義を悟り、人々の機根《きこん》（それぞれの環境や人生観、知識の程度など）にしたがって法を説いてきたが、その考えを理解するのは難しい」

「私（釈尊）は成仏してからいままで、さまざまな事例やたとえ話を用いて、広く教えを述べてきた。さまざまな方便を使って人々を悟りに導き、もろもろの苦悩から救ってきた。なぜならば、仏は人々を教化するための、さまざまな方法や知見波羅蜜《ちけんはらみつ》（智慧・般若波羅蜜《はんにゃはらみつ》ともいう。邪見《じゃけん》を取り払って真実を正しく見極める智慧）を、すでに具《そな》えているからである」

こうした意味を汲《く》んで、私たちは自分自身の心にある、嘘と方便をよくよく吟味《ぎんみ》したいものです。

尖閣《せんかく》諸島の問題で、日中間は険悪さを増しています。今こそ両国は、歴史的な嘘・偽《いつわ》りを捨て、仏教の方便を生かしてほしいものです。

「愛国無罪」が暴動や略奪にまで発展する。愛国と反日は方便なのか、問いたいところですが、一党独裁の国では無理というものでしょうか。

（平成二十四年九月・記）

質問⑨ 釈尊の舎利《しゃり》とお米との関係とは？

ご飯の米も、お釈迦さまのお骨も、ともに〝シャリ〟といういわれは何ですか。

近頃は健康食ブームの影響もあって、わざわざ麦飯を炊く家庭が増えたと聞きます。そういえば雑穀米《ざっこくまい》も、食料品売場から薬局にまで〝進出〟するご時世。十六穀米とかは、通販でかなり人気のようです。

「わざわざ」といったのは、昔はイモも雑《まじ》えて、それが当たり前の食生活だったからです。

〈食べられるだけでも幸せに思え、バチが当るぞ！〉〈こぼしたら拾って食べろ！〉。そう教えこまれた世代からすれば、まったく隔世《かくせい》の感があります。

腹が減って眠れない、目が覚める——。およそダイエットなど想像もつかない時代の人にとって、「銀シャリ」は高嶺《たかね》の花。聞いただけでも目を輝かしたものです。

「シャリ」を寿司屋の符帳《ふちょう》くらいに思っている現代と昔では、米は米でも思い入れ、扱い方が違います。

純白に精米された米や、それを搗《つ》いた餅は、神仏の祭祀には欠かせない供物でした。人々は、それを祭祀の折りに、「御下《おさ》がり」と称していただいたのです。

田植や収穫の神事があるように、米は神聖なもの、貴重な命の根源として尊ばれてきました。

この尊く浄らかで人間を支える米が、形や様子から、釈尊のご聖骨に似ていた。そこから米を「舎利」とよぶようになったといわれます。

舎利とはサンスクリット語のシャリーラ（śarīra）を音訳したもので、もとの意味は「身体」でした。それが遺骨、特に仏教では、釈尊のご聖骨をいうようになりました。

釈尊が入滅されると、遺体は在家の信者たちにより火葬に付されましたが、八カ国の部族が、その遺骨を求め、争いにまで発展。そこで一人の高僧が調停役に立ち、八等分されたと伝えられます。

その頃すでに遺骨を崇拝する慣習があったと推察されますが、熱心な信者にとって、舎利はまさに釈尊の身体、教えのシンボルだったのでしょう。

この舎利信仰は、その後も盛んに行なわれ、仏舎利塔も建てられました。八カ国からさらに分骨に分骨を重ね、東南アジアの仏教国を中心に、仏舎利を奉安する寺は、各地に存在しています。ある意味での〝散骨〟です。

実は私の寺も、仏舎利を祀っています。というと、〈本当にお釈迦さまの？〉と訝《いぶか》しがられるのですが、正真正銘。スリランカ国・仏歯寺の管長ご一行によりもたらされたもので、菩提樹寺《ぼだいじゅじ》からの分骨です。

知り合いの寺で、仏舎利があると聞き、拝見したことがあります。黄ばんだ紙の包みの中に、これまた黄ばんだ精米が、五粒ほど入っていました。〈なるほど舎利か……〉と、妙な感心をしたものです。

舎利信仰は、わが国でもこうした形で、広く伝播しました。またその対象は、仏弟子・聖者などにも及び、また遺骨ばかりでなく遺品も、その対象となりました。

こうした広がりは、徳の高い生き方をした庶民にも向けられた一例があります。

「里《さと》がたでおしがるしうとしやりに成《なり》」。これは『誹風柳多留』にある一句で、読みやすくすると――、

里方で惜しがる姑　舎利になり

古川柳に登場する姑は、まったくといってよいほど嫁いびり。これまた隔世の感があります。

この時代は、姑が死ぬと、〈嫁にいって、ずいぶん分いびられたから〉、とホッとするのが娘を案じていた親の常。ところがこの姑は、慈愛の持ち主だったようで、俗にいう「仏さまのような人」。そこで死を惜しみつつ、きっと成仏して仏の位に昇ったことだろう、という思いの一句のようです。

私たちの読誦《どくじゅ》する身近な経典にも、釈尊のご聖骨に関わるものがあります。『舎利礼文《らいもん》』という、きわめて短いお経で、意訳します。

「あらゆる功徳をそなえられている釈尊と、ご精神そのものである舎利を、今もいますがごとく、一心に礼拝供養いたします。仏の加護と私の願いが一体となり、不思議な神力によって、迷える多くの人々を利益し、悟りを実証することができるのです。その智慧と慈悲を有難く感謝し、我がものとして恭《うやうや》しくいただきます」

これはおよその意味ですが、信仰の要《かなめ》でもある仏の舎利を、生命の糧《かて》としての米に結びつけた、先人の智慧には頭が下がります。

（平成二十年一月・記）

第七章

お坊さんとお寺のいろいろ

質問① 退職後の余生《よせい》を僧侶として暮らしたい

退職も間近になり、余生を僧侶として静かに暮らせたらと思うのですが。

ある雑誌の取材を受けました。〈最近、尼僧《にそう》になりたいという人がとても多いそうですが、こちらの電話相談でもそうでしょうか〉。

そこで、私の記憶と相談室の分類表を重ね合わせて答えました。〈まったく無いわけではありませんが、このところ特に目立って、というほどではないですね〉。

記者は終始〈そんなはずはない〉といった口振りでしたが、これは噛み合わないと見てか、〈いや、よくわかりました〉といって、そそくさと帰っていきました。

〈わかってないな〉と思う私に、事務局員が某週刊誌のコピーを見せてくれました。「尼僧志願者急増」のタイトルに、白布の頭巾《ずきん》、黒衣の女性たちの写真が掲載されています。〈これはイケル〉と踏んだ結果の、ネタ探しだったのでしょうか。

たしかに「一日尼僧生活」、数泊にわたる「僧侶体験」など、一部に関心をよんではいます。しかし「急増」となると、誤解を生じかねません。マスコミに扇動《せんどう》されて、〈じゃあ私も〉、そんな僧侶が増えるのはこまりものです。

ところで最近、「在家《ざいけ》僧侶」という〝新語〟を耳にしました。「あなたも僧侶の資格が得られます」といったキャッチフレーズの通信教育。塾もあるそうです。

「在家・出家」と区別する言い方はよく使われます。また古くからいわれる「在家僧」とは、出家僧に対比し、肉食《にくじき》・妻帯する僧という意味でした。これとも違うようです。

実際に講習を受けた人に聞くと、〈自分は良いとしても、家族への気兼ね、近所に訝《いぶか》られる思いも手伝って、表立って何かするという人は少ない〉、〈資格を持っているという、いわば自己満足に終わる人が圧倒的〉とのことです。

〈仏教をかじった程度で、永年、寺の生活をしたわけでもなく、じっくり修行を実践したわけでもないから、僧侶になった実感や自信に乏しい〉。そんな指摘もあります。

なかには〈友人から葬式を頼まれ、勘弁してくれと拝み倒した〉経験の持ち主もいました。僧侶の拝み方にもいろいろあるものです。

それはそれとして、要は「自覚覚他《じかくかくた》」の問題で、僧侶として信頼され、仏法にも世法《せほう》にも背《そむ》かなければ、このような生き方を否定するつもりはありません。

テレフォン相談に見られる「僧侶志望の動機」には、失恋、職業による挫折、人間関係の不和などが挙げられます。これも仏道入門の機縁《きえん》、どう生かせばよいかでしょう。

一般大学卒業の青年からの相談で、本人の希望通り、人を介して天台宗に紹介したことがあります。誠実な修行僧となり、〈こういう人物なら、もっとほしい〉、と本山から喜ばれたこともありました。

これに反して、開口一番〈僧侶になったら、いくら給料をもらえるか〉といった、脱サラ・学生の就活《しゅうかつ》と同じレベルの質問もあり、唖然《あぜん》とさせられます。

弟子になりたいと訪ねて来た、ある尼僧志願者は、こういいました。〈静かな佇まいの中で、お茶やお華に明け暮れる生活がしてみたくて……〉。これを称して「いいとこ取り」というのです。

「余生」も、何となく穏やかさを秘めたフレーズを感じますが、余語翠巌《よごすいがん》老師は生前、〈余生など、どこにあるか。余りもののいのちなどない。どこまでも、いのちの限りを尽くすのだ〉と。余生を静かに——、ただそれだけの願いで僧侶になることなどは、私もよせェといいたい。

師について剃髪《ていはつ》し仏門に入ることを「得度《とくど》」といいます。それは、生死《しょうじ》の苦海（此岸《しがん》＝煩悩や欲楽の世界）を渡り、つまり修行を重ね、涅槃（さとり）の彼岸《ひがん》に到ることを意味します。まずこのことを誓願することが僧侶になる第一歩です。

と同時に、「菩薩としての誓願を持つ」ことも疎《おろそ》かであってはなりません。自らに対しては智慧をもって精進し、他に対しては人生の苦悩から済度《さいど》する慈悲、それが菩薩＝僧侶の使命だと考えるべきでしょう。

「衆生《しゅじょう》疾《や》む、故に菩薩も疾む」

また、

「等しく衆生を思うこと羅睺羅《らごら》（釈尊が王子の頃の嫡子《ちゃくし》、転じて血を分けたわが子）の如し」

とは、この慈悲心をいいます。

退職後は「余生」に非ず、次なる「実生」・「新生」。それが僧侶への道だと信じて下さい。

—○—○—

ここからは、具体的な「僧侶への登竜門」をお話しします。

私も在家出身で、昭和三十七年一月二十九日、師僧について得度《とくど》しました。いただいた座右銘《ざゆうめい》には、「我身よからん我心《わがこころ》なにとあらんと思ふ心を捨てて善くもあれ悪くもあれ佛祖の言語行履《ごんごあんり》に従ひゆくなり」とあります。

当時は、舟木一夫に唄われた「高校三年生」時分。仏教・仏門のブの字もわかりません。これが『正法眼蔵随聞記《しょうぼうげんぞうずいもんき》』中の言葉によるものだとは、駒澤大学仏教学部に入って後、初めて知りました。

爾来《じらい》四十五年、三人の弟子と数人の役僧に接する今、人知れず先師の私に対する思いを、その独特な筆跡に追懐しているところです。

この文言には、得度に臨む者はもとより、僧侶の終世の修行心得が秘められていると思います。大切なことは、世間的是非善悪に惑わされず、ひたすら仏祖の言行に随順する志を持《たも》つこと。将来への勝手な思い込みは慎しみ、目の当《ま》たりの行儀を、師僧を通して学ぶことです。

もとより師は弟子を、弟子も師を選ぶことが出来ます。しかし現実問題として、「自分に相応《ふさわ》しい師」との巡り合いは、極めて難しい。

世襲の子弟には選択の余地は乏しく、予《あらかじ》め納得ずくで事が運ばれます。在家出《で》は「何らかの縁」だけが頼りですが、考えようによっては、遍参《へんざん》（自分で教えを受けるべき正師《しょうし》を探す）という利点はあるのです。

この得度とは、「生死（迷い苦しみ）の此の岸から、涅槃《ねはん》（さとり）の彼の岸に渡ること」で、度には渡す・救うの意味があります。それが「仏門に入り僧侶となる」と、転化したのです。

さて、師僧が決まると、得度式。これを済ませ

得度式の光景（曹洞宗）

ば、晴れて僧侶の仲間入りとなります。

　得度が受けられる年齢は、天台宗・曹洞宗・日蓮宗が満十歳以上。真言宗（豊山派）・浄土宗は六歳以上。浄土真宗本願寺派は十五歳以上。ただし「後継の住職となるべき者で特別の事由《じゆう》があるものは年齢九年以上」で、真宗大谷派は満九歳以上となっております。

　未成年については、各宗とも師僧となるべき僧侶、所属する寺院住職、後見人、親権者などの承認・同意が義務付けられています。

　師僧になる僧侶の資格は、それぞれ「教師」の分限規定があって、天台宗は大僧正《だいそうじょう》から権律師《ごんりっし》までの十三の僧階。真言宗（豊山派）は十五、浄土宗は大僧正から律師の七、真宗大谷派は一級の大僧正から十三級の入位。曹洞宗は大教正《だいきょうせい》から三等教師までの十、日蓮宗は大僧正から准《じゅん》講師の十二の僧階があります。

　宗派によっては、学階、教階、法要座次、法階といった他の資格との兼合いもあるようですが、説明が繁雑になるので省略します。

　ともかく、教師である師僧について得度を了《お》えると、僧籍簿に登録（度牒《どちょう》授与＝得度の認許証）され、○○宗僧侶となるのです。その後は、修得すべき行や各種の教育課程の履修、経歴徳望などが審査され、教師資格などの昇任、住職就任、宗門の役位につくことになります。

得度式は一般寺院住職、およびこれに準ずる教師によって行える宗派が多いのですが、浄土真宗本願寺派や真宗大谷派に限っては、本山の門主による「おかみそり（得度式＝剃髪の意）」が規定されています。

僧侶の使命、これを各宗派に共通していえば、第一に宗旨・教義・本尊を信奉する。第二に本山および所属寺院の護持。第三、儀式・法要の厳修。第四は檀信徒や社会に教義を広め、教化育成することなどが挙げられるでしょう。

話は変わりますが、得度式に際しての準備品が必要になります。特に身に着けるもの、例えば袈裟・法衣《ほうえ》・白衣《はくえ》・足袋《たび》・襦袢《じゅばん》。その他、諸々を新調しますし、荘厳《しょうごん》（飾りや設備）や手伝いの僧侶への寸志まで数えると、かなりの経費です。師僧が贈ることもありますが、事と次第によっては本人負担もあり、留意が必要です。

僧侶になる手立ては、菩提寺の住職に相談してみることです。あるいは希望する宗派の本山や宗務庁。または、各種の行事に参加して、縁を深める努力も要します。

「獅子舞の太鼓たたかず笛吹かず後足となる人もあるなり」で、住職になれるなれぬはともかく、まずは確固とした発心《ほっしん》を持つべきです。

「畢竟《ひっきょう》して何の用ぞ」

（つまるところ、何のためか）

この問いかけこそ、登竜門への進一歩でしょう。

（平成十七年七月・記）

質問② 尼《に》僧《そう》になりたいが……

私は密《ひそ》かに、尼僧を志願しています。ただ、仏教の中での立場がわかりません。

人は人生上のこと、あるいは職業や学問の分野を選択する場合、憧《あこが》れは付き物です。野球のイチロー、ゴルフの石川遼――。その目覚ましい勇姿には、多くの耳目《じもく》が注《そそ》がれます。しかし背景にある日夜の苦悶《くもん》と、それを克服しようとする生活態度など、人は、あまり意に介《かい》しません。

剃《そ》ったわけ言わぬ出家の美しき

この古川柳《せんりゅう》には、尼僧の美しい佇《たたず》まいに秘められた、哀しく辛い過去が暗示されているように思われます。それがまた、美しさを醸《かも》し出してもいるのでしょう。

尼僧への憧れは、ともすると俗世間の穢《けが》れや煩《わずら》わしさを離れた、清楚《せいそ》で閑寂《かんじゃく》な生活をイメージさせます。

私は、僧侶になる道と心構えについて述べた拙稿（本書216～221頁）の中で、弟子入りを希望してきた、ある女性の例を挙げています。〈静かな佇《たたず》まいの中で、お茶やお華に明け暮れる生活がしてみたくて……〉。これに答えて私は、〈いいとこどり〉だと断じたのです。

青山俊董《あおやましゅんどう》師、瀬戸内寂聴《せとうちじゃくちょう》師など、著名な尼僧方がおられます。ただし、追っかけや、単なるファン意識だけでは、先行き不安です。

問題は、仏教そのものであり、仏教に何を求めるかは、つまり自分に何を求めるか。それが発心《ほっしん》です。

さて、話を仏教の流れの中での、尼僧の存在に移します。仏教が釈尊を中心に教団化されてくると、「四衆《ししゅ》」という制度が生まれます。出家者は比丘《びく》（男性の僧）・比丘尼《びくに》（女性の僧）。在家者は優《う》婆塞《ばそく》（男性の信者）・優婆夷《うばい》（女性の信者）です。

比丘尼（bhikṣuṇī《ビクシュニー》）を略した「尼」は、アマとも読みます。これはサンスクリット語のambā《アンバー》、パーリ語ではammā《アンマー》に由来する語で、「母」の意味だとされます。修行を通して、母の胸に憤《むずが》る児を抱くような、そうした尼僧ならではの磨かれ方が、この語意にはあるようです。

また一面、男とは性も生理も違うわけですから、女性の持つ執着心には、なみなみならぬ配慮もされ、それだけに戒律は、比丘以上に厳しいものでした。ともかく圧倒的な「男世帯」でしたから――。

釈尊在世の折り、女性として初めに弟子になったのは、マハー・パジャパティ（摩訶波闍波提《まかはじゃはだい》＝大《だい》愛道《あいどう》と訳す）でした。釈尊の生母・マーヤー（摩耶《まや》夫人《ぶにん》）の妹。いわば育ての親です。そうした人も、釈尊は当初、出家を認めませんでした。比丘集団に、複雑な人間模様をあやなす危惧《きぐ》からでしょう。

しかし、仏教の衆生済度《しゅじょうさいど》は万人に開かれたもの。男女平等に仏に帰依《きえ》し、悟ることができる。そのご精神に立ち返り、他の女性たちと共に、出家を許されます。

仏教が日本に伝わると、男女差別が公然とある中で、臆《おく》することなく尼僧を目指す人が現われます。その端緒《たんしょ》を開いたのが司馬達等《しばたっと》の娘・嶋《しま》。蘇《そ》我馬子《がのうまこ》の肝煎《きもいり》で、西暦五八四年、高句麗《こうくり》の僧・慧《え》便《べん》に就《つ》いて十一歳で出家得度。僧名を善信尼《ぜんしんに》といい、後に二人の尼僧を輩出し、五九一年、桜井寺《さくらいでら》に住職しました。尼僧と尼寺《あまでら》の第一号です。

当時、尼僧となるのは社会的上流階級、たとえば中宮《ちゅうぐう》や内親王《ないしんのう》といった、ごく小数のエリートでした。しかしその活動範囲は学問としての仏教を超えた、社会事業にも及びました。良家のお嬢さんの嗜《たしな》みなどではなく、孤児や老・病人の養育や介護にも、仏教者として献身的に尽くしたのです。

封建時代のみならず、封建的風習に晒《さら》されながら、ある時は男僧の補助的務めに甘んじながら、尼僧の歴史は、着実に地歩《ちほ》を築いたのです。

人材も多岐に渡ります。慧春尼《えしゅんに》（曹洞宗・室町時代）のように、並《な》み居る雲水《うんすい》に禅定力《ぜんじょうりき》で鉄槌《てっつい》を食らわす、男に勝る尼僧もおりました。良寛和尚の死水《しにみず》を取ったのは、詩歌《しいか》で結ばれた貞心尼《ていしんに》でした。茶・華の道も、仏心を体得する方便ともなり、人を導く手立てとしても有効です。ただそれは、仏門への第一義ではないでしょう。

他宗派ですが、実家の寺の後継者がなく、子を産み育てながら、夫を会社に送り、住職を務める有髪《うはつ》の尼僧もおります。一口に僧侶といい尼僧といっても、その歩み方はさまざまです。

尼寺に消えぬ悩みを持ち続け

消すに消せない過去の煩《わずら》い。仏の教えを灯《あかり》として、それに対峙するのも修行。修行すればするで、迷路もあり奥深さにも戸惑《とまど》う。しかし、それもこれも、仏の教えの只中《ただなか》にあるということです。

（平成二十一年八月・記）

質問③ 僧侶が剃髪《ていはつ》する理由は？

僧侶方の多くは頭を剃《そ》っていますが、どんないわれや意味があるのですか？

子どもたちも、大変興味があるようです。私の寺で夏休みに開催している「子ども禅の集い」でも、注目の一つは私たちの頭。〈何でハゲなの？〉〈さわってもいい？〉と大うけです。

そんな時にはもちろん、ハゲと剃髪《ていはつ》の違いを説明します。触《さわ》ればザラザラしていますから、「実物」での教育になります。

大人でも、誤解している人がかなりいるようです。〈私もスキンヘッドにしました〉などという人がいます。この「も」が曲者《くせもの》ですし、スキンヘッドの意味は、剃り上げて丸坊主にした頭、とはいうものの、それは言葉の綾《あや》——。頭の様子が似ているだけのことで、僧侶と一緒にはなれません。

髪が薄くなった、毛がなくなった、カツラは煩《わずら》わしい、育毛・植毛は金がかかる。〈ならばいっそのこと〉。これが多くのスキンヘッド実践者の、偽《いつわ》りない思いのようです。

それでは何故、僧侶は頭を剃るのでしょうか。その根拠は、遠く釈尊に遡《さかのぼ》ることができます。

ご存知のように、釈尊は王家の後継を辞して、出家されました。そのきっかけが「四門出遊《しもんしゅつゆう》」です。太子《たいし》であった頃、東南西北の城門から外に出て、人々の生・老・病・死（四苦《しく》）する姿を目《ま》の当たりにし、人生のあり方を、深く問う心が生じたといわれます。

やがてある夜半のこと。一人の修行者として生きる決意をされ、住みなれた王城を後にします。とある山頂に到ると、徐《おもむろ》に刀を持って、束《たば》ねた髪を切り取り、空中に擲《なげう》った。これが「剃髪」の由来とされています。

ついでながら太子は、衣裳や装飾類の一切をかなぐり捨てて、粗末な衣に身を包みます。僧侶の衣を「染衣《ぜんえ》」ともいいますが、木蘭《もくらん》色や墨染《すみぞめ》を用いるのも、もとはといえば、これに由来しているのです。

僧侶になるべき儀式の中でも、象徴的なのが頭を剃る場面でしょう。「剃髪得度《とくど》」といって、在家から仏門に入り、僧となるには、頭を剃ることが第一条件です。

宗派によっては長髪の僧侶も見うけられますが、実際には剃らないまでも、帰依《きえ》した証《あかし》として何らかの作法は受けているはずです。

頭髪を刈るのではなく剃るとなれば、禅宗系がより徹底していると思います。曹洞宗《そうとうしゅう》を例に挙げれば、剃髪しない得度式は認められません。それは形を通して、心のありようを重要視しているからです。

剃髪の由来を、釈尊に遡《さかのぼ》って述べましたが、その意味するところを経文をもって示しますと、

剃除鬚髪《ていじょしゅほつ》　当願衆生《とうがんしゅじょう》
永離煩悩《ようりぼんのう》　究竟寂滅《くぎょうじゃくめつ》

にあります。鬚の意味は「あごヒゲ」ですが、口ヒゲも頬ヒゲも同様です。他の宗教・習俗の中には、ヒゲを尊重する趣《おもむ》きもあるようですが、仏教ではこれを煩悩の根っ子とみます。

人が惑い苦しむのは、「愛根《あいこん》」から生じた欲が、限りなく枝葉を繁茂《はんも》させるからで、昔のテレビCM風にいえば、安全は〈元を断たなきゃダメ！〉なのです。

「この髪を剃るという行為には願いが込められている。それは自分のためばかりでなく、衆生（生きとし生けるもの）とともに、永きにわたって煩悩から解放され、安楽な境地が得られるようにとの思いからである」。こうした大意です。

しかし、また「煩悩無尽《むじん》」で、せっかく剃った髪も、放っておけばまた芽生《めば》えてしまうものです。そこで定期的に雑草の刈り取りが必要になってきます。

「煩悩無尽誓願断《ぼんのうむじんせいがんだん》」――これは「四弘誓願《しぐせいがん》」の一節ですが、「誓願断」こそ剃髪の眼目《がんもく》でしょう。

曹洞宗の僧堂（修行道場）では四と九がつく日を「四九日《しくにち》」と称し、厳格に剃髪を行います。これを「浄髪《じょうはつ》」といいますが、大事な修行生活の一環で、ただピカピカにすればよいというものではありません。

『平家物語』にも、「今は頭を剃り、戒《かい》を保《たも》ちなんとして……」という一節があります。つまり釈尊はじめ祖師方の戒《いまし》めを守って、仏教に帰依した者にふさわしい生き方をしよう。その誓願を形にあらわしたのが、頭を剃るという行為です。

人間というものは、身も心も飾りたがるイキモノです。そこで髪を剃ることを「落飾《らくしょく》」ともいいます。

葬儀で「剃髪の儀」をする宗派があるのは、「没後作僧《もつごさそう》」で、在家の信者を死後、僧侶と同等の立場に推《お》し上げて成仏を願うのです。


（平成二十一年二月・記）

質問④ お寺の成り立ちと役割

そもそも「お寺」というものの成り立ちと、役割とは何だったのですか。

一口に「お寺」といっても、釈尊の時代、その後の仏教を受け入れた国々によっても、その様式や機能は異なります。また、様々に変遷《へんせん》しました。

それは日本の寺院にも見られます。祈願や観光が中心であったり、修行・葬祭の場であったりと、一様ではありません。

釈尊の「宗教施設」となると、これも、今の時代のみならず、古い仏教建築物に照らしても、まったく異質の景観です。しかし寺の起源としては、まず竹林精舎《ちくりんしょうじゃ》を挙げるべきでしょう。

釈尊のご在世当時、マガダ国のカランダカ長者が竹林を寄進し、そこにビンビサーラ王が建物を建てたとされます。

また『平家物語』でよく知られる一節、「祇園《ぎおん》精舎《しょうじゃ》の鐘の声、諸行無常《しょぎょうむじょう》の響きあり」。この精舎は、舎衛城《しゃえじょう》にあるジェートリ太子の土地（ジェータ林）を、スダッタ長者が入手し、釈尊のために建てたものと伝えられています。

精舎とは、修行に「精進《しょうじん》する者のいる舎（家・宿）」といった意味で、極めて簡素な造りだったようです。というのも、使用目的は、雨期や熱暑の季節、それを避けるために舎内に籠《こも》り、修行したからです。

普段は、個々に遊行《ゆぎょう》（人々への説法教化と自分自身の修養のために各地を廻《めぐ》り歩く）生活をすることが、規範としてあったからです。

時代は移り、釈尊の遺骨を奉安《ほうあん》し、遺徳《いとく》を顕彰《けんしょう》する「仏舎利塔《ぶっしゃりとう》」が建設されるようになり、この塔に付随《ふずい》して、僧房や、必要施設が設けられました。

中国での最初の寺院は、後漢《ごかん》の明帝《めいてい》によって建立《こんりゅう》された、白馬寺《はくばじ》だと伝えられています。それによると、修行道場というよりは、経典を漢訳する館。つまり翻訳所の趣《おもむき》でした。

中国における寺の語源は、もともと、外国から来た使者などを待遇する、公司《こうし》を意味するものでした。

この施設に、翻訳する僧を寄宿させた由来もあり、今日いうところの寺となったのです。つまり精舎の意味が加味されたのです。

こうした流れを汲《く》んで、日本の寺院は、行《ぎょう》を積む場であることは無論ですが、学問所として、また礼拝所《らいはい》としての性格を合わせ持ったのです。

日本の寺院は、その成り立ちからして、天皇および氏族の帰依《きえ》があってのことですから、当然ながら、この人々の祈願所を越えるものではありませんでした。この点では、中国とさして変わりはないようです。

それが次第に公共的・庶民的に変革するのは、鎌倉時代以降です。それが江戸時代に、さらに深化・拡張するのですが、問題は、幕府による周到な箍《たが》がはめられたことです。

宗教政策としての「檀家《だんか》制度」、次いで「宗門改め」など、住民の帰属先を、寺院に登録させるという仕組みで、行政の一部を担《にな》ったのです。

それは庶民ばかりでなく、寺院の機能に対しても、宗教活動を制限し、思想的信条を拘束するものでした。今日も、寺院が葬祭にばかり片寄っているといった批判の背景は、実はここにあったのです。

江戸時代末期から、明治維新後にかけての寺院は、廃仏毀釈《はいぶつきしゃく》の運動や神仏分離令によって、大打撃を被《こうむ》り、混乱を生じました。

それまでは、深層部分では国政によって圧迫されていた寺院ですが、表面的・経済的には、かなりの保護を受けてきたのです。

それが、仏教排斥《はいせき》という憂《う》き身《み》に立たされ、堂宇《どうう》、仏像、経巻、仏具など、ことごとく焼却・破壊され、歴史的に積み上げた、多くの文化財も消失しました。

けれども、これは日本だけに限りません。仏教の歴史の中では、インドの前二世紀のバラモン教による迫害。十三世紀初めのイスラム教徒の侵攻。中国でも三世紀以来、しばしば排仏《はいぶつ》運動が起きています。近くは文化大革命でもそうでした。

起きてしまった結果は、もどしようがありません。このたびの東日本大震災と同様、人災部分に関してはよくよく検証し、覚醒《かくせい》の好機として捉《とら》えるほか、生かす道はありません。

今日の寺院は、まだまだ釈尊のご精神を、必ずしも復興したとはいいきれません。

寺院は誰のために、何のために存在するのか、改めて問い直すことが、今後の寺院の課題といえるでしょう。

置かれた環境によって、機能や役割は異なるにしても、寺院は精舎であることを念頭に、修行・礼拝・葬祭・教化、それぞれに励みたいものです。

（平成二十三年八月・記）

質問⑤ お寺の「山号《さんごう》」「山門《さんもん》」の由来は？

平地や町中のお寺でも、「山号」と「山門」がありますす。その由来は何ですか。

私が住職をつとめている寺は、江戸時代の宿《しゅく》場町《ばまち》。今は四方をマンションに囲まれた平地にあります。「医王山東陽寺《いおうさんとうようじ》」といいます。

社会科の勉強で来た子どもたちに寺の歴史を語った折り、〈お相撲《すもう》さんみたい〉〈山なんかないじゃん〉といった声があがりました。

大人が素通りしがちな話題を、子どもは素直、かつ感性ゆたかに反応してくれます。

でも、その大人たちも、まことに面白い。毎年かかさず、成田山《なりたさん》に初詣《はつもうで》をしているという知人がいました。

ある時、〈成田山は何という寺か知っているか？〉と、いじわるな質問をしたことがあります。すると返ってきた答えは、〈成田山……？　お不動さん？〉。終《つい》ぞ、新勝寺《しんしょうじ》という寺名は出てこなかったのです。

寺はもともと、山深いところに建てられました。「高燥《こうそう》の地」、つまり高地で、湿気《しっけ》の少ない場所が選ばれたようです。都会的にぎやかさを避ける意味もありました。

いうまでもなく、寺は聖域であり、あらゆる修行の道場ですから、俗塵《ぞくじん》を離れ、仏道に専念できる環境が望まれたのです。

となれば、寺の存在は「深山幽谷《しんざんゆうこく》」が相応《ふさわ》しく、それが山号を用いる由来となったのです。

仏教は学問・思想・信仰の要素を含んで、この国に伝わりました。ご承知の通り、当初は一部のエリート集団に受け入れられたのです。

それが庶民生活の中にも普及していくのは、鎌倉期以降で、教えの浸透《しんとう》は、やがて町中にも寺院建立《こんりゅう》を現出させます。

寺には「山門（三門とも）」が付き物ですが、町《まち》中《なか》や平地にある寺の門が、なぜ山門なのか。ここにも、山号の由来から発していることが読み取れると思います。

山門は、単に、寺の威容《いよう》を誇らしく飾り立てる「道具」ではありません。たとえ寺が、ネオン瞬《また》く繁華街《はんかがい》にあったとしても、この門よりは、深山幽谷と同様、仏道修行の聖域なのです。いわば境界線ともいうべきものです。

ですから山門は、ただ潜《くぐ》るだけの役割ではありません。

善男善女《ぜんなんぜんにょ》ぶって門に入るのではなく、悪男悪女の日暮しを自覚し、この門に入る。心を洗い清めて、善男善女に立ち返って門を出る。表現を変えれば、俗塵《ぞくじん》に塗《まみ》れたこの身この心のまま、聖なる仏の懐中《かいちゅう》に投げ入れる。そして仏の子として生まれ変わり、現実生活に戻るのです。

仏道入門の出入り口が、山門です。そして山号は、その聖域が、山から里に移された名、というわけです。

といっても全ての時代がそうではなく、飛鳥《あすか》・天平《てんぴょう》の時代は、寺を平地に建てたので山号はありませんでした。

歴史的に見れば平安時代、特に天台宗の比叡《ひえい》山《ざん》、真言宗の高野山《こうやさん》など、山岳に建てられたことに由来します。またその元は、中国にあり、天台《てんだい》山《さん》・峨眉山《がびさん》・五台山《ごだいさん》は、仏教の三大霊場と仰《あお》がれた名山です。

山門といえば、地形的な意味から出発した名ということになりますが、仏教の教理という面から見れば、「三門」という呼び方のほうが意味深いと思います。

お寺の山門

三門といった場合、わかりやすい解説部分を『仏教語大辞典』（中村元著）から拾《ひろ》ってみますと、「悟りのための障害を離れる三種の門、すなわち智慧門《ちえもん》・慈悲門《じひもん》・方《ほう》便門《べんもん》」となります。

この中の方便については誤解されがちですので、少しばかり触れておきます。ある辞書の注釈によると、「本来は仏教の教えで、一般大衆を救って悟りの世界へ導くためには、仏も嘘を用いたということから」、とされています。

「仏も嘘をついた」ことが強調され、「嘘も方便」だとか、「嘘も世渡り」などと嘯《うそぶ》く輩《やから》が、古今に渡り一向に減りません。

ここの個所は、「仮《かり》に設けた法門（真理に至る教え）」ということなので、たとえば教えの奥義を平易に、あるいは別の表現や譬喩《ひゆ》を用いること、と理解してほしいものです。

ともあれ、この三つの法門を、形にあらわしたものが三門で、山門もこうした意味が込められています。つまり教えそのものは、いうまでもなく無形ですが、それを形を通して知らしめたことに他なりません。

そこでこの門のことを「解脱門《げだつもん》」ともいっています。心の闇を明に向けさせ、心の苦を安楽に向かわせる、信仰の登竜門なのです。

（平成二十年十一月・記）

質問⑥ 仏教各宗派の共通点は？

仏教の宗派は数多く、教えもまちまちですが、どこが共通する点なのでしょうか。

〈仏教には、どうして多くの宗派があるのか〉。こんな非難めいた質問を受けることがあります。しかし「分派《ぶんぱ》」は、どの宗教にも見受けられる現象です。

要因は、教義や修行などの解釈や方法の相違。傑出した人物の登場とその信奉者。時には権力者で、権力を得るための思惑《おもわく》や手段など、さまざまあったと思われます。

日本の仏教の場合、現在、財団法人全日本仏教会に加盟している宗派だけでも、五十八団体。私ですら初耳だった宗派名があったくらいで、一般の人が戸惑うのは当然です。

各宗派の存在は、譬《たと》えてみれば、樹木の枝分かれのようなものです。根を枯らさず、幹《みき》も損《そこ》なわず、枝振りも格段に良ければ、誰人《だれひと》も称美《しょうび》を惜しまないでしょう。枝葉末節《しようまっせつ》のゴタゴタが起きるから困るのです。

また、山の頂上に至る譬えもあります。分け登る道は幾通りもあるが、頂上を究めてみれば一つだと。その点からすれば、登山口が多いのは、自分に適した道が選べます。

問題は、仏の真意に親近し、それを体得することに勤め励み、いかにして衆生済度《しゅじょうさいど》に資《し》するかで、このことは、どの宗派にも共通した眼目《がんもく》だと思います。

さて次に、どこが共通する点かです。紙幅の都合もありますから、教えの中の根本的な共通点を、一つだけ挙げてみることにします。

仏教が諸宗派に分かれ、異なる教義を立てる中にも、

「三宝《さんぼう》（仏《ぶつ》・法《ぼう》・僧《そう》）に帰依《きえ》する」

ということ、これは何宗何派にかかわらず、絶対条件、第一義とするものです。

三宝に拠《よ》らない、あるいは説かない仏教があるとすれば、それこそ似て非なるものであり、少なくとも枝枯れの仏教といわざるを得ません。

ただ日本の場合は、釈尊以外の仏・菩薩の存在を伝承しつつ、さらに宗派の祖師を鑽仰《さんごう》する性格も持っていますから、帰依そのものの対象には広がりがあります。

そういう意味から、日本の仏教は「宗派仏教」といわれます。しかし先程も触れましたように、それは、いかに仏心《ぶっしん》を自らのものにし、民衆の救済を推《お》し進めるかでした。そのための仏教の参究と修行の結果として、それぞれ宗派名を冠した「個性」が主張されていったといえるでしょう。

仏教の歴史からすれば、根本は、帰依する仏といえば釈尊であり、法とは釈尊の説かれた教え、僧とは釈尊を崇《あが》め、その教えに従う人々の集まりです。

真理を体現した人、森羅万象《しんらばんしょう》（宇宙空間に存在する一切のものごと）もまた仏と見るといった、様々な見方もありますが、本来的には釈尊によるのを宗《むね》とします。

宗派を超えた仏教の窮極《きゅうきょく》的なよりどころ、絶対的な信頼、この信受《しんじゅ》・奉行《ぶぎょう》することを帰依と

いいますが、それが三宝です。一見、宗派はさまざま、まちまちのようですが、三宝に帰依する一点に、違いはありません。

　この帰依三宝については、仏教の興隆に尽くした聖徳太子も、『十七条憲法』において、次のように述べています。

「篤《あつ》く三宝を敬え。三宝とは仏・法・僧なり。

聖徳太子

……何《いず》れの世、何の人か是《こ》の法を貴ばざる。……

……其《そ》れ三宝に帰せずんば、何を以《も》ってか枉《まが》れるを直《なお》くせん」

　偉大な政治家がその時代、国法である『十七条憲法』の中に、仏教の根本ともいうべき教え、仏教徒のあるべき姿勢を織り込んだことは、讃嘆して余りあります。

　それに引きかえ、政・官・業のみならず、世相万般に歪《ゆが》み弛《たる》みが見られるのが、昨今の現状です。

　精神性の拠《よ》り所とすべきものが、私たちの身の周りから、極めて乏しくなりました。紙幣《しへい》から聖徳太子が除かれたように……。

「何を以ってか枉れるを直くせん」とは、痛烈な響きとなって、現代の私たちに問いかけております。

　ものの道理を押し曲げ（枉）ても、有利に生きたい。その拠り所の主たる世の宝が物や金。しかし、それが真の拠り所ではないことは、薄々承知していながら、人は傾きかかった船上を、なかなか離れられずにいます。

早く安堵できる救命艇《てい》（三宝）に乗り移るべきで、その具体的ないくつかの救出方法が宗派なのだ、と考えたらどうでしょう。

曹洞宗の『修証義《しゅしょうぎ》』には、

「仏は是れ大師《だいし》なるが故に帰依す、法は良薬なるが故に帰依す、僧は勝友《しょうゆう》なるが故に帰依す」

と示されています。

（平成二十一年三月・記）

【仏教情報センターについて】

筆者が顧問をつとめる「一般社団法人　仏教情報センター」は、有志僧侶 130 名余が宗派の垣根を超えて集まり、「仏教テレフォン相談」を中心として、仏教ホスピスの会、各種研修会の運営など、〝社会と共に生きる仏教〟をめざした活動を推進しています。

「仏教テレフォン相談」のご案内

130 名余の僧侶が、ボランティアで参加しています。どうぞお気軽におかけください。各宗派の僧侶が曜日ごとに分担しお応えしています（面接相談も可）。
相談時間は毎週月～金曜日の 10：00 ～ 12：00、13：00 ～ 16：00 までです。
☎ 03-3811-7470

《仏教情報センター連絡先》

〒113-0001　東京都文京区白山１丁目 17-5　日応ビル３F
☎ 03-3813-6577（代表）　　ＦＡＸ 03-3813-6794
ホームページ http://www2u.biglobe.ne.jp/~bukkyo

鈴木　永城（すずき・えいじょう）

昭和18年（1943）東京都生まれ。駒澤大学仏教学部卒業。

高校2年生の時に、一般家庭より曹洞宗にて出家得度。東陽寺（埼玉県春日部市）前住職。現在、実伝寺、宝昌寺（茨城県かすみがうら市）住職。曹洞宗関東管区教化センター布教師会顧問。仏教情報センター顧問・名誉会員。同センターでは、事務局長を3期6年、理事長を7期14年つとめた。埼玉県立大学認定看護師教育課程非常勤講師。

著書に『お経の意味がよくわかる本』『仏教とじかにふれ合う本』『お経の意味がやさしくわかる本』（以上・河出書房新社）、『仏教世相百態』（国書刊行会）など多数。

あなたの疑問《ぎもん》に答《こた》える　**仏教《ぶっきょう》なんでも相談室《そうだんしつ》**

平成25年 11月 8日　初版第1刷発行 ©

著　者　鈴　木　永　城
発行人　石　原　大　道
印刷所　三協美術印刷株式会社
製　本　株式会社 越後堂製本
発行所　有限会社 大法輪閣
〒150-0011 東京都渋谷区東2-5-36 大泉ビル2F
TEL　(03) 5466-1401(代表)
振替　00130-8-19番
http://www.daihorin-kaku.com

ISBN978-4-8046-1355-0　C0015　Printed in Japan